W0367806

# Feuerschalen Fibel
# XXL

Flamma

## Die Autoren

Anke und Manuel Schultz waren schon früh von offenem Feuer und Kochen im Freien begeistert. Es vergeht kaum ein Tag, den sie nicht an der Feuerschale ausklingen lassen. Diese Begeisterung und Faszination bringen sie in ihren Grill-Shop ein (www.fire-and-steel.de), den sie seit dem Jahr 2010 betreiben und in die Marke flammo, zu der sie im Jahr 2014 inspiriert wurden (www.flammo.de).

## Das Buch

Die Idee zur „Feuerschalen Fibel XXL" entsprang den unzähligen positiven Rückmeldungen zu ihrem ersten Buch, der „Dutch Oven Fibel XXL" und der nicht enden wollenden Begeisterung für die Feuerschale. Anke und Manuel Schultz zeigen in diesem Buch, mit welcher Vielfalt von weiteren Kochmethoden an der Feuerschale Essen zubereitet werden kann. Natürlich gibt es auch in diesem Buch Rezepte für die gusseisernen Töpfe. Damit es jederzeit Spaß macht und alles gelingt, gibt es im ersten Teil des Buches eine ausführliche Anleitung, mit all den Dingen, die du zu deiner Feuerschale unbedingt wissen solltest.

Anke und Manuel Schultz

# Feuerschalen Fibel XXL

Die ersten 20 Stunden mit deiner Feuerschale
125 Rezepte am offenen Feuer

www.fire-and-steel.de
www.flammo.de

Impressum:

Autoren: Anke und Manuel Schultz
Herausgeberin: Anke Schultz, Aubrook 1, 24222 Schwentinental
(c) 2016 Anke Schultz
XXL-Zeichen auf dem Cover und weitere Bilder von Fotolia.
Nachweise auf Seite 175.

Dieses Buch, einschließlich aller Teile, ist urheberrechtlich geschützt. Jede Verwertung ohne Zustimmung der Herausgeberin ist unzulässig. Dies gilt insbesondere für die elektronische oder sonstige Vervielfältigung, Verbreitung und öffentliche Zugänglichmachung.

Layout und Druck:
hansadruck gmbh & co kg kiel

Ein ganz besonderer Dank gilt Antje und Sebastian für die Fotos, die sie uns zur Verfügung gestellt haben.

# Inhaltsverzeichnis

# Kochmethoden an der Feuerschale

## Dutch Oven Rezepte

## *Rezepte für die Pfanne*

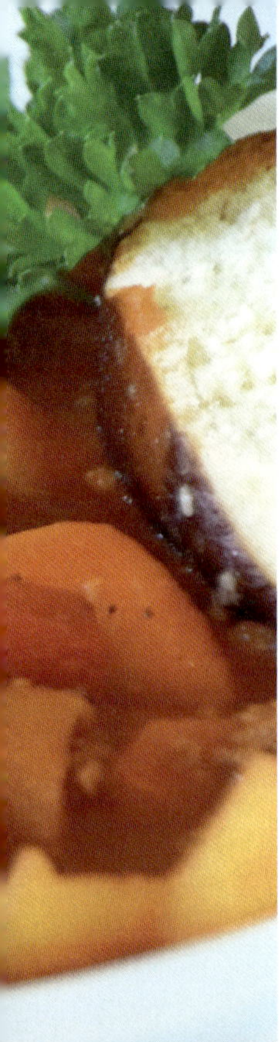

## Rezepte für den Feuerkessel



## Rezepte für den Spieß

## Süße Spieße



## Grillrezepte (Grillrost)

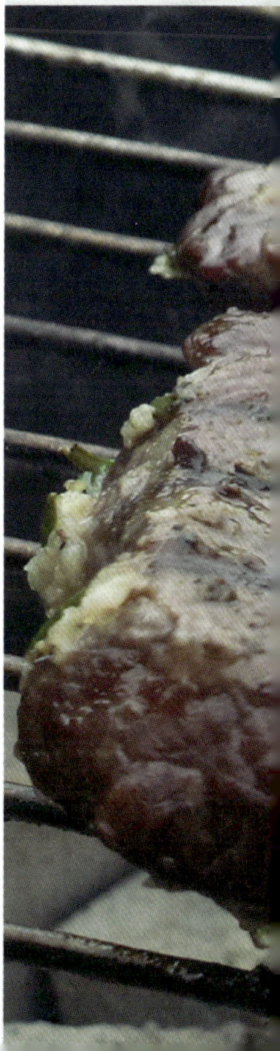

*Anke und Manuel Schultz*

# Fazination Feuerschale

Wir konnten es nicht glauben! Auf der Suche nach einem Buch zur Feuerschale konnten wir nichts finden. Da sind wir so fasziniert von der Feuerschale und dann wird dieses Zentrum der Geselligkeit nicht von der Fachliteratur bedient? Das mussten wir ändern und so entstand dieses Buch. Du erfährst darin, wie man mit der Feuerschale umgeht, welches Zubehör du benötigst und welche Rezepte sich damit besonders gut verwirklichen lassen. Du wirst die Feuerschale als eine besondere Alternative zum klassischen Holzkohlegrill kennenlernen. Die Vielseitigkeit einer Feuerschale wird dich begeistern. Versprochen!

# Worauf du beim Kauf achten solltest

Ein Bekannter - nennen wir ihn Heinz - wurde 40 Jahre alt. Freunde wollten ihm eine ganz besondere Freude machen. Sie legten zusammen und kauften ihm eine Feuerschale.

Rate einmal, was dabei herauskam:
Eine XXXL-Feuerschale. Groß genug, um einen Elefanten darin zu baden. Der Himmel weiß, wo man derart große Schalen herbekommt. Die Freunde hatten es dennoch geschafft. Die Schale war natürlich DER Party-Kracher. Die Ernüchterung folgte dann am nächsten Morgen. Wie soll man solch eine Schale alleine von A nach B tragen? Wo ist genug Platz, um sie unterzustellen? Wie soll man sie abdecken? Wie viele Wälder Holz soll man dort hineinwerfen, bis das Feuer nicht mehr mickrig wirkt, sondern das Becken auch ausfüllt?

Mach es besser als die Freunde von Heinz! Besorge dir eine Feuerschale, die auch noch am Tag nach dem Kauf zu dir passt.

Zwei Dinge sind vor allem entscheidend beim Kauf:

- Das richtige Material
- Die richtige Größe

Auf beide Aspekte gehen wir gleich in den folgenden Kapiteln ein. Vorab einige weitere Gedanken:

Wenn du nicht das gleiche Glück hast wie Heinz und dir deine Freunde ein Geschenk machen wollen für das sie zusammenlegen, dann wirst du einen preislichen Rahmen festlegen müssen. Für eine Feuerschale durchschnittlicher Größe kannst du 50 Euro, aber auch 500 Euro zahlen. Wie es immer so ist, der Preis wird von verschiedenen Faktoren beeinflusst: Der (Verarbeitungs-) Qualität des Produkts, dem Marken-Namen des Herstellers, der Nachfrage, etc. Dir bezüglich des Preises allgemeingültige Tipps zu geben, fällt schwer. Legst du besonderen Wert auf eine hochwertige Verarbeitung - vielleicht sogar Handarbeit - dann wirst du mit einer allzu günstigen Schale nicht glücklich werden. Suchst du jedoch genau das - eine günstige Schale - hilft der Hinweis auf die Qualität der Markenhersteller nicht weiter. Auch wenn es durchaus empfehlenswerte günstige Schalen gibt. Damit wir deinen persönlichen Wünschen gerecht werden, sprich uns sehr gerne an. Dann geben wir dir ganz konkrete Kauf-Empfehlungen.

Egal zu welchem Preis du dir eine Schale kaufen möchtest: Achte auf die Verarbeitung. Gibt es unregelmäßige, brüchige Schweißnähte? Wirken die Füße instabil? Gibt es hervorstehende Ecken oder sonstige Defekte? Ist die Wandstärke gleichmäßig oder an einer Stelle bedenklich dünn? Diese Art der Prüfung kannst du meist erst dann vornehmen, wenn du die Schale vor dir hast. Bist du in einem Internet-Shop fündig geworden, wird dies erst nach dem Kauf der Fall sein. Bleib dennoch gelassen. Bei Defekten lässt du die Schale einfach austauschen. Bei sonstiger Unzufriedenheit widerrufst du den Kauf. Dieses Recht hast du meist, dem Verbraucherschutz sei Dank. Zusammengefasst:

- Suche dir einen Shop, dem du vertraust
- Prüfe die Feuerschale nach Erhalt hinsichtlich der Verarbeitung

Worauf solltest du noch achten? Auf deine ganz persönlichen Vorlieben. Magst du es rund oder eckig? Findest du Schalen mit kurzen oder langen Füßen schöner? Suchst du nach einem Design-Objekt mit besonderer Aufmachung oder liebst du es schlicht? Fragen dieser Art kannst du dir nur selbst beantworten. Der Markt hält hier wirklich alles bereit!

Zurück zum Material und zur Größe. Worauf du hier achten kannst, haben wir dir in den folgenden beiden Kapiteln aufgelistet.

## Warum deine Feuerschale aus Metall sein sollte

Wenn du dir dieses Buch gekauft hast, dann sollte deine Feuerschale aus Metall sein. Warum wir das denken? Weil du es nach der Lektüre des ersten Teils kaum wirst abwarten können, die leckeren Rezepte aus dem zweiten Teil des Buches auszuprobieren. Und dafür bist du mit einer metallenen Schale am besten gerüstet. Aber der Reihe nach.

Feuerschalen gibt es aus ganz verschiedenen Materialien. Du findest wirklich überaus hübsche Feuerschalen aus Ton, Terrakotta oder Keramik. Diese betonen vor allem den dekorativen Charakter. Noch verbreiteter sind Feuerschalen aus Metall, wie Gusseisen, Edelstahl oder Cortenstahl. Auch diese haben ihren eigenen optischen Charme.

Sie können aber mehr: In aller Regel sind diese Schalen robuster als die Vorgenannten. Du bekommst sie auch mit einem ausgiebigen Arbeitseinsatz als Koch- und Grillstelle nicht kaputt. Und du kannst sie draußen überwintern lassen, ohne dass sie kältebedingt auseinander springen. Wenn du mit deiner Feuerstelle also mehr anstellen möchtest, als sie „nur" anzusehen: Such dir eine metallene aus!

Wir haben dir die wesentlichen Eigenschaften der verschiedenen Materialien zusammengetragen:

## Gusseisen

Freunde rustikaler Gartenarchitektur lieben Gusseisen. Gusseisen verbreitet einen ganz besonderen Charme und wird oft als gestalterisches Element eingesetzt. Es lässt sich sehr harmonisch in ein fantasievolles Landschaftsbild einfügen.

Mit einer Feuerschale aus Gusseisen hast du weitere Vorteile: Diese Schalen werden aus einer Eisen-Kohlenstoff-Legierung mit hohem Gehalt an Kohlenstoff gegossen. Sie sind sozusagen „aus einem Guss". Ohne Fugen, in die Wasser eindringen könnte. Meistens sind sie recht schwer, dafür aber außerordentlich robust und standfest. Weder ein Sturm noch versehentliches Anstoßen wirft sie von ihrem Platz.
Für die Prüfung der Verarbeitung gilt: Gewicht und Stärke der Metallwände sowie der Füße sind ein guter Indikator für die Langlebigkeit der Feuerschale.

### Feuerschalen aus Gusseisen

- haben aufgrund des hohen Eigengewichts eine optimale Standfestigkeit
- sind hitzeunempfindlich
- bieten eine charmant-rustikale Optik. Fans lieben die mit der Zeit entstehende Rost-Patina

# Edelstahl

Feuerschalen aus Edelstahl vereinen die besten Eigenschaften aller Feuerschalen aus Metall in sich. Sie benötigen relativ wenig Pflegeaufwand. Edelstahl ist im Gegensatz zu anderen Materialien nicht rostanfällig und verfärbt sich nicht.

Diese Feuerschalen wirken sehr edel. Sie verleihen der Terrasse, bzw. dem Garten ein frisches und modernes Aussehen. Rückstände, die beim Befeuern entstehen, setzen sich kaum auf der Oberfläche fest. Die entstehenden geringen Rückstände können leicht entfernt werden.

Auch bei der Edelstahl-Schale solltest du auf dickere Wandstärken achten. Sie zeugen meist von höherer Qualität. In dünnerem Metall können leichter Dellen vorkommen. Diese beeinträchtigen die Lebensdauer. Achte auch darauf, dass das Untergestell aus Edelstahl ist. Sonst könnte es passieren, dass du nach einem kalten Winter eine rostige Überraschung erlebst.

### Feuerschalen aus Edelstahl

- sind rostfrei und widerstandsfähig
- haben eine pflegeleichte glatte Oberfläche
- sie sehen sehr edel und modern aus

# Cortenstahl

Feuerschalen aus Cortenstahl nehmen eine Sonderstellung ein. Sie werden aus wetterfestem, phosphorlegiertem Baustahl hergestellt. Ähnlich wie Schalen aus Gusseisen setzen auch sie eine Rostschicht an. Allerdings entwickelt sich darunter eine dichte Sperrschicht aus Sulfaten oder Phosphaten. Diese verhindert eine weitere Korrosion. Cortenstahl zeichnet sich durch eine sehr charakteristische Patina aus. Das ist ein Grund, warum er sowohl von

Bildhauern für Skulpturen als auch von Architekten als gestalterisches Element im Außenbereich genutzt wird.

### Feuerschalen aus Cortenstahl

- sind extrem wetterfest und widerstandsfähig
- sind aufgrund der dünneren Wände leichter, als vergleichbare Gusseisenschalen
- haben ein besonderes Aussehen

Fotolia

## Terrakotta und Ton

Feuerschalen aus Terrakotta und Ton sind meist außerordentlich dekorativ und aufwendig gestaltet. Sie sind bemalt, glasiert oder verziert. Leider sind sie weniger hitzebeständig und somit nicht für den Dauerbetrieb und erst Recht nicht für die Befeuerung mit Holzkohle geeignet. Du solltest sie nicht zum Grillen verwenden. Terrakotta und Ton neigen dazu, Regenwasser aufzunehmen. Dieses Wasser dehnt sich beim Erhitzen auf und verursacht Risse. Außerdem sind Schalen aus Terrakotta und Ton nicht frostbeständig. Du solltest sie bei feuchter oder kalter Witterung im Haus lagern und nur bei Bedarf ins Freie stellen.

Nach dem Gebrauch ist darauf zu achten, dass sie vollständig durchtrocknen.

Trotz der genannten Nachteile: Liebhaber eines mediterranen Flairs kommen an diesem Material nicht vorbei. Ton oder Terrakotta schaffen eine unvergleichliche Atmosphäre. Sie zaubern einen warmen und gemütlichen Schein.

## Keramik

Keramik ist in der Regel widerstandsfähiger als Terrakotta und Ton. Feuerschalen aus Keramik sind wasserdicht und vertragen - nach einer speziellen Bearbeitung - auch höhere Temperaturen. Keramik lässt sich aufgrund der Glasur problemlos farbig gestalten und bunt bemalen. Ton und Terrakotta werden oft nur mit Ornamenten verziert.

Der Unterschied zwischen Ton, Terrakotta und Keramik liegt in der Art und Weise der Bearbeitung. Wenn ein Gefäß aus Ton zweimal gebrannt und die Oberfläche mit einer Glasur versiegelt wird, dann ist es wasserdicht und man spricht von einer Keramik. Als Terrakotta hingegen bezeichnet man unglasierte und bei niedriger Temperatur gebrannte Tonwaren.

Fotolia

## Wie du die passende Größe findest

Zurück zu Heinz. Dem Freund mit der XXXL-Feuerschale. Er hatte keine Wahl. Dass er in seinem Garten künftig das Osterfeuer für eine mittelgroße Kreisstadt ausrichten könnte, hatten seine Freunde für ihn entschieden. Sei du selbst achtsamer bei der Wahl der Größe. Wir neigen auch manchmal zu einem "mehr ist mehr". Diese Denkweise ist hier nicht angebracht.

Mache dir vor dem Kauf Gedanken darüber, was du eigentlich genau mit deiner Schale machen möchtest. Soll sie "nur" ein schönes Licht für gemütliche Abendstunden abgeben? Möchtest du sie auch als Wärmequelle nutzen? Kochst du darauf bzw. darin. Und wenn du damit kochen möchtest, für wie viele Personen? Und welches Kochgeschirr soll zum Einsatz kommen?

Wähle eine eher kleinere Schale von 50-60 cm Durchmesser, wenn du überwiegend mit wenigen Personen darum sitzt. Wenn du vor allem das schöne Feuer genießen möchtest. Bleibe auch bei dieser Größe, wenn du einen begrenzten Aufstellort hast. Dies kann vor allem dann der Fall sein, wenn du die Schale nicht in einen weitläufigen Garten stellen kannst. Vielleicht musst du auf einer kleineren Terrasse Platz finden? Wenn du die Feuerschale für weitere Dinge nutzen möchtest (Gartenabfälle verbrennen, Kochen, Grillen, etc.), dann empfehlen wir dir eine Größe von 70-80 cm Durchmesser. Damit hast du genug Raum, um auch sperrige Äste hineinzugeben. Vor allem hast du aber genug Raum, um mit der Glut zu arbeiten. Zum Kochen und Grillen ist es hilfreich, wenn du verschiedene Temperatur-Zonen herstellst. Wir erläutern das später noch genauer. Mit einem Durchmesser von 70-80 cm hältst du dir diese Möglichkeit offen. Auch wenn du heute noch gar nicht so genau weißt, wie oft du später tatsächlich zum Outdoor-Kochen kommst. Diese Größe bietet auch genug Fläche für ein beeindruckendes, großes und wärmendes Feuer. Ist dir kein Superlativ zu hoch gegriffen? Dann könnten die Feuerschalen von 100-120 cm Durchmesser und mehr etwas für dich sein. Diese Größen erfreuen den wahren Feuer-Enthusiasten. Wäge vorher jedoch die Nachteile ab. Größere Schalen sind unhandlicher, es kostet mehr Mühe sie zu entleeren und sie zu reinigen. Und sie benötigen mehr Platz zum Aufstellen sowie mehr Brennmaterial (wenn das Feuer entsprechend wirken soll).

Der Durchmesser ist nur ein Aspekt. Achte bei der Wahl deiner Schale auch auf die Tiefe. Es gibt Schalen, die nahezu als ebenes Tablett daherkommen. Und es gibt tief ausgeformte Schalen, die eher an eine Halbkugel erinnern. Unser Tipp: Kaufe keine Schale, die allzu flach ist. Jedenfalls dann nicht, wenn du damit kochen möchtest. Mit einer gewissen Tiefe hast du einfach mehr Möglichkeiten, dir genügend Glut zu schaffen. Und die Glut in verschiedene Hitze-Zonen zu schichten.

## Exkurs : Warum die Feuerschale den Feuerkorb und die offene Feuerstelle weit hinter sich lässt

Wenn die Feuerschale ein Geländewagen ist, dann ist der Feuerkorb eine Mofa. Diesen Vergleich wirst du erst dann so richtig nachvollziehen können, wenn du beides - Feuerkorb und Feuerschale - einmal besessen hast. Ganz wie beim ersten Fahrzeug und der Mofa, ist der Feuerkorb für viele ein Einstiegsmodell. Feuerkörbe sind weit verbreitet. In jedem Baumarkt stehen sie. Die meisten Gartencenter, Möbelhäuser und Einrichtungsläden führen sie. Du findest kleine, schlichte für wenig Geld, aber auch liebevoll gestaltete Designerstücke im Luxus-Segment. Zwischen einem Feuerkorb und deinem Weg zur Kasse liegen kaum Hindernisse. Nicht wenige Liebhaber von Feuer werden da vorschnell schwach.

Was kannst du also tun? Innehalten! Vor dem Kauf erst einmal nachdenken, was dir wichtig ist. Feuerkörbe sind ja nicht per se unnütz. Auch wir haben schon viele Feuerkörbe an glückliche Käufer versandt. Ganz so wie bei der Mofa, kommt es auch hier auf den Verwendungszweck an. Wenn du gemütlich und mit wenig Sprit durch die Stadt tuckern möchtest, reicht dir vielleicht ja eine Mofa. Ein Feuerkorb kann die richtige Wahl für dich sein, wenn du ein kleineres Feuerchen machen möchtest. Wenn du das Feuer nicht ernsthaft als Wärmequelle oder zum Kochen verwenden möchtest. Wenn du nur einen äußerst begrenzten Aufstellplatz hast.

Wenn du jedoch einmal deinen Feuerkorb neben einer ausgewachsenen Feuerschale im Betrieb erlebt hast, dann wird es dir wie diesem Jugendlichen gehen: Eben noch mit der Mofa der mobilste Junge in der Klasse, plötzlich der abgehängte. Der nicht mit auf die Autobahn darf, auf der sich die volljährig gewordenen Freunde im ersten eigenen Auto ihrem Geschwindigkeitsrausch hingeben.

Mit einer Feuerschale hast du alle Freiheiten. Willkommen auf der Autobahn. Du kannst damit auch größere Gegenstände verbrennen. Du kannst Grillen, Kochen, Gerichte aller Art zubereiten und du kannst damit eine enorm starke Licht- und Wärmequelle betreiben.

Feuerkörbe haben ein weiteres Manko: Sie sind zu den Seiten hin offen. Bei den meisten Modellen fallen hier bauartbedingt Glut und Asche hinaus. Das ist nicht nur ein Sicherheitsrisiko, es sieht auch unschön aus. Die Wahl des Aufstellortes ist bei einem Feuerkorb umso bedeutsamer. Der Rasen scheidet aufgrund von Feuergefahren aus. Die schicke Terrasse auch, da ansonsten bald Brandflecken die Optik trüben. Du kannst diese negativen Wirkungen mit einem Untersetzer abmildern. Hierzu eignet sich beispielsweise eine hinreichend große Steinplatte. Die Feuerschale ist im Vorteil: Glut und Asche bleiben in der Schale. Die Umgebung wird nicht beeinträchtigt. Einige vorbeugende Sicherheitshinweise gelten natürlich auch hier. Wie immer, wenn ein Feuer entfacht wird. Dazu aber später mehr.

Wenn die Feuerschale der Geländewagen ist, dann ist die offene Feuerstelle ein LKW. Ein alter Brummi, den der TÜV lieber heute als morgen aus dem Verkehr ziehen würde. Auch mit dem Brummi kommt man von A nach B. Schön anzuschauen ist er allerdings nicht. Und die hinter ihm fahrenden Autos schließen besser die Fenster. Ähnlich verhält es sich mit der offenen Feuerstelle. Gemeint ist hier das typische Lagerfeuer. Die Sicherheitsrisiken bekommt man zwar in den Griff, wenn man die offene Feuerstelle ausreichend mit Steinen absteckt. Ganz ähnlich wie mit den Bastel-Lösungen für den TÜV-befreiten Brummi. So kann bei der Feuerstelle das Übergreifen des Feuers auf den Rasen verhindert werden. In aller Regel kommt die offene Feuerstelle jedoch nicht an die Ästhetik einer Feuerschale heran. Es sieht einfach gepflegter aus, wenn das Feuer in einer Schale brennt. Und es sieht sehr viel gepflegter aus, wenn das Feuer erloschen ist. Bei der Feuerstelle bleibt ganzjährig ein schwarzer Fleck im Garten. Hier gewinnt die Feuerschale. Sie sieht auch nach dem Feuer gut aus. Und wenn sie doch stört, trägt man sie an einen Unterstellort. Zugegeben: So wie es Liebhaber alter LKW gibt, gibt es Liebhaber von offenen Feuerstellen. Sie haben Ihre Daseinsberechtigung. Auch hier entscheidet am Ende dein ganz persönlicher Geschmack.

Neben diesen drei Varianten des Feuermachens gibt es viele weitere. Du kannst Erdöfen nutzen, feste Feuerstellen mauern und dir sonstige Lösungen überlegen. Wir bleiben jedoch beim Thema dieses Buches und machen weiter mit der Feuerschale.

## Was du außer deiner Feuerschale noch brauchst. Und was nicht.

Wir schreiben nicht nur Bücher. Wir betreiben auch einen Grill-Shop. Natürlich freuen wir uns, wenn sich ein Kunde ganz fest vorgenommen hat, unser Lager leer zu kaufen. Meistens gelingt es uns dennoch, sein Anliegen in einer vorherigen Beratung zu hinterfragen. Aus unserer Sicht sollte stets klar sein, welchen konkreten Nutzen ein Zubehör bringt. Manches Zubehör ist unentbehrlich. Manches ist optionaler Luxus. Luxus kann viel Spaß machen. Auch wir lieben es, uns mit einem ganz besonderen Zubehör

zu belohnen. Diese Motivation sollte vor dem Kauf dann aber zumindest erkannt und angesprochen werden.

Bei der Frage, was du außer deiner Feuerschale noch brauchst, folgen wir dem eben benannten Grundsatz. Auch wenn das dazu führt, dass du manches Zubehör am Ende nicht kaufst. Was also brauchst du?

## Brennmaterial

Na klar, Aber welches? Deine Feuerschale ist ein Allesfresser! Was du hineinwirfst, verbrennt. Es ist trotzdem gut, wenn du dir vorher Gedanken machst. Zum einen solltest du dich an rechtliche Grenzen halten - Stichwort behandeltes Holz. Dazu später mehr. Zum anderen solltest du die spezifischen Eigenschaften des jeweiligen Brennmaterials kennen. Achte insbesondere auf die Verbrennungstemperatur. Bist du im Besitz einer Feuerschale aus Terrakotta, Ton oder Keramik, kannst du mit einer zu hohen Temperatur Schäden anrichten. Hohe Temperaturen erzielst du vor allem mit Holzkohle. Dafür sind diese Schalen nicht gemacht. Setze im Zweifel Bioethanol oder Brenngel ein. Bei diesen Brennstoffen genießt du zugleich den Vorteil, dass du ein nahezu rauchfreies Feuer ohne spätere Rückstände entfachst.

Willst du ein "echtes" Feuer entzünden, wähle am besten eine Feuerschale aus Metall. Stahl, Edelstahl und Gusseisen halten auch hohen Temperaturen stand. Möchtest du mit dem Feuer kochen oder grillen, wähle am besten Holzscheite oder Grillkohle. Letztere hat den Vorteil, dass sie äußerst hohe Temperaturen zulässt, bei vergleichsweise geringer Rauchentwicklung. Zudem kannst du Grillkohle sehr gut portionieren und die gewünschten Temperaturzonen herstellen. Möchtest du nicht nur kochen oder grillen, sondern zugleich ein schönes Lagerfeuer genießen, greife zu Holzscheiten. Hierunter fällt das Kaminholz. Dieses kannst du selbst machen oder bei Landwirten in deiner Umgebung sowie im Baumarkt kaufen. Ein Vorteil der Holzscheite im Vergleich zu Holzabfällen aus deinem Garten: Anders als Stämme, Äste oder Wurzeln fällt das Portionieren leichter. Zudem hast du meist eine bessere Durchtrocknung.

Möchtest du gar nicht kochen und freust dich allein auf die Wärme, das Licht und die wundervolle Atmosphäre des Feuers, dann lasse die Grillkohle beiseite. Wende dich den Holzscheiten oder geeigneten Garten- und Knickabfällen zu. Dabei brauchst du dann auch nicht auf den zur Verfügung stehenden Raum achten. Soweit kein Kochtopf Platz finden muss, spielt es keine Rolle, ob ein großer Ast die gesamte Schale ausfüllt. Der Vollständigkeit halber sei erwähnt, dass du natürlich auch mit diesen Hölzern kochen kannst. Ganz überwiegend wirst du ohnehin nicht mit dem lodernden Feuer, sondern mit der heruntergebrannten Glut arbeiten. Bis dahin ist auch der große Ast zerfallen. Bequemer ist es für das Kochen dennoch, wenn die Holzstücke nicht zu sperrig in die Schale kommen.

Bleibt die Frage, welche Holzart du nutzen solltest. Wir möchten dich nicht mit einer Aufzählung aller erhältlichen Holzsorten verwirren. Es gibt etliche. Achte insbesondere auf eine Weichenstellung: Hartes Holz hat grundsätzlich eine längere Brenndauer. Es ist gut zum Grillen und Kochen geeignet. Weiches Holz hat hier das Nachsehen. Wenn überhaupt, nutze weiches Holz dann, wenn du lediglich eine kurze Licht- und Wärmequelle entzünden möchtest. Dabei solltest du allerdings beachten, dass es einige weiche Hölzer mit einem hohen Harz-Anteil gibt. Diese bringen einen starken Funkenflug und damit ein Risiko mit sich. Zu den weichen Hölzern zählen beispielsweise Tanne, Kiefer und Fichte.

Lass uns auf einige beliebte härtere Holzarten schauen:

Sehr viele Besitzer von Feuerschalen greifen zu Buchenholz. Dafür sprechen gute Gründe. Buche entwickelt eine hervorragende Glut. Dies minimiert den Funkenflug. Der aromatische Rauch gibt den auf der Feuerschale zubereiteten Speisen eine besondere Note. Buche ist zwar etwas schlechter entflammbar, brennt dafür jedoch umso langsamer ab. Du erreichst damit viel Hitze bei langanhaltender Glut. Die Flammen sind schön hell.

Neben Buchenholz gibt es viele weitere Harthölzer. Beliebt sind auch Eschen- und Eichenholz. Die Esche kannst du sehr gut nutzen, sie glüht lange und hat einen vergleichsweise geringen Funkenflug. Allerdings gefällt ihr spezielles Raucharoma nicht jedem. Eiche glüht zwar gleichermaßen lange wie Buchenholz und Esche, neigt tendenziell jedoch stärker zum Funkenflug. Wenn du die Wahl hast, greife also lieber zu Buche. Nutzen kannst du auch Holz von Obstbäumen, wie zum Beispiel Holz vom Apfelbaum. Die meisten Hölzer von Obstbäumen haben ganz eigene Raucharomen. Ein echter Geheimtipp für Erkundungen abseits der gängigen Hölzer.

Nutze trockenes, unbehandeltes Holz, welches frei von Fremdstoffen ist. Andernfalls könntest du Probleme beim Anzünden bekommen, eine starke, unerwünschte Rauchentwicklung erzeugen sowie Gesundheits- und Umweltgefahren schaffen.

## Exkurs : Welchen Einfluss die verschiedenen Holzarten auf den Geschmack haben

Du möchtest deinen Gästen ein ganz besonderes Gericht servieren? Dann könnte die verwendete Holzart dazu beitragen. Oben haben wir es schon angesprochen: Sie hat einen mehr oder weniger großen Einfluss auf den Geschmack der Speisen. Buche ist ein Klassiker. Dieses Holz passt mit seinem Raucharoma zu fast allem. Andere Holzarten bringen teilweise spezifischere Aromen mit. Natürlich sprechen wir hier von Nuancen im Geschmack. Entscheidend bleiben die eingesetzten Zutaten und Gewürze. Manchmal sind es jedoch genau diese Feinheiten, die aus einem "normalen" Gericht eine einzigartige Delikatesse machen.

Möchtest du den Unterschied verschiedener Holzarten einmal selbst erleben? Dann mache ein Experiment. Bereite eine Forelle einmal auf Buchenholz zu und ein anderes Mal auf Kirsch- oder Apfelbaumholz. Diese Probe könnte dir einen ganz neuen Blick auf das Thema Raucharomen eröffnen. Und die Lust wecken, mit den verschiedenen Hölzern zu experimentieren. Auch wenn du keinen gut sortierten Holzhandel in der Nähe hast, findest du im Internet mit wenigen Klicks alle üblichen und exotischen Holzarten. Versuche doch einmal die Aromen von Hickory, Pappel, Mesquite oder Zeder.

Die Raucharomen der verschiedenen Holzarten erhältst du entweder, wenn du dir davon Holzscheite besorgst. Du kannst auch einzelne Scheite mit weniger aromatischem Holz mischen. Du findest Raucharomen heutzutage aber auch in speziell abgefüllten Packungen als Räuchermehl, Holzchips, Späne oder Räucherchunks. Suche im Internet nach diesen Begriffen. In den Internetshops findest du meist auch ausführliche Beschreibungen zu den Geschmäckern.

Über Holzarten und ihre jeweiligen Eigenschaften ließe sich ein eigenes Buch schreiben. Besser gesagt: Darüber wurden bereits eigene Bücher geschrieben. Deshalb möchten wir in diesem Exkurs nur den Impuls geben. Wenn du auch für solche geschmacklichen Nuancen offen bist, dann wartet hier ein äußerst spannendes Feld auf dich.

## Schutzhandschuhe

Wenn du mit deiner Feuerschale nicht nur romantische Abende genießen möchtest, sondern auch kochen oder grillen, dann solltest du dir Schutzhandschuhe besorgen. Die Handhabung von Grillrost, Kesseln, Töpfen und Pfannen gelingt dir sehr viel komfortabler. Du bekommst dabei keine heißen Finger. Neben dem angenehmeren Arbeiten, dienen Feuerhandschuhe auch deiner Sicherheit. Schließlich können Feuer und Glut nicht nur unangenehm heiß werden, sondern je nach Fehlgriff auch gefährlich. Schon deshalb solltest du an dieser Stelle nicht sparen.

Schutzhandschuhe sind kein "Pflichtkauf". Wir empfehlen sie dir dennoch von ganzem Herzen. Wenn du sie erst einmal hast, wirst du sie garantiert nicht mehr missen wollen.

Fotolia

## Lederschürze

Eine Lederschürze ist dir vor allem im Sommer ein nützliches Zubehör. Zu dieser Jahreszeit hat man häufig kurze Sachen an, die Beine liegen frei. Mit einer Schürze schützt du dich effektiv gegen Verbrennungen an den freien Beinen. Dazu sollte die Schürze aus Leder und in der Höhe verstellbar sein. Leder blockt die Hitze sehr gut und die Höhenverstellung ermöglicht dir die Länge so einzustellen, dass deine Beine wirklich komplett bedeckt werden. Lederschürzen sind schwer. Deshalb sollte der Verstellmechanismus am Hals ausreichend stark dimensioniert sein.

## Schürhaken

Wie bei den Schutzhandschuhen gilt auch hier: Willst du lediglich gemütlich am Feuer sitzen, wirst du wohl auch ohne dieses Zubehör auskommen. Wenn das Feuer nachlässt, legst oder "wirfst" du einfach Holzscheite nach und überlässt alles Weitere der Feuerschale. Der Schürhaken könnte dir hier vor allem zum gemütlichen herumstochern im Feuer dienen. Weil es dich entspannt. Anders verhält es sich, wenn du mehr vorhast. Zum Kochen und Grillen ist es oftmals erforderlich, dass du dir Glut zusammen-

schiebst, verschiedene Hitzezonen, bzw. Freiräume für Kochgeschirr schaffst. Dafür nutzt du den Schürhaken.
Zwei Alternativen: Kennst und nutzt du bereits einen Dutch Oven? Dann kannst du - je nach Bauart - den Deckelheber als Schürhaken verwenden. Hast du bereits eine Kohlenzange? Dann kannst du auch diese verwenden.

## Abdeckung

Du lässt deine Feuerschale stets draußen stehen? Dann macht der Kauf einer Abdeckung Sinn. Die Abdeckung schont das Material deiner Feuerschale vor permanenter Beanspruchung durch Witterungseinflüsse. Selbst wenn du die Feuerschale regelmäßig unterstellst, kann die Abdeckung darüber hinaus auch dich schonen. Vermutlich hast du nicht immer Lust, die abgekühlte Asche baldmöglichst zu entsorgen. Manches mal wirst du erst einige Tage oder Wochen später dazu kommen. Lässt du die Schale während dieser Zeit draußen stehen, riskierst du die Befüllung deiner Schale mit einer ekligen "Wasser-Asche-Dreck-Schlotze". Dazu reicht mitunter schon ein kräftiger Regenschauer. Wenn du gerade keine Zeit oder Lust zum Entleeren hast, decke deine Feuerschale nach einem ersten Abkühlen einfach ab. Und mache es später...

## Anzündkamin

Der Anzündkamin hilft dir dabei, das Durchglühen von Kohlen bzw. das Entzünden von Holzscheiten zu beschleunigen. Schütte dafür die gewünschte Menge Kohlen oben hinein. Oder etwas Holz. Lege anschließend einige zerknüllte Blätter Zeitungspapier oder Anzündhölzer darunter und schaue dem Kamineffekt bei seiner Arbeit zu. In kurzer Zeit hast du einsatzbereite Kohlen bzw. brennende Holzscheite.

Der Anzündkamin ist ein optionales Zubehör welches du nicht brauchst, aber schätzen wirst. Wir kennen viele, die jetzt eher auch einmal spontan Grillen. Scheinbar senkt der Einzusticken die Schwelle zum "lass uns schnell mal grillen".

## Pfannenknecht und Dreibein

Wenn du mit Pfannen oder Töpfen arbeiten möchtest, brauchst du eine Abstellmöglichkeit. Du kannst dir kreative Bastellösungen überlegen, Pflastersteine unterlegen oder ähnliche Konstruktionen schaffen. Mach es lieber auf sichere und komfortable Weise. Stelle deine Pfannen und Töpfe auf einen Pfannenknecht.

Hast du einen Topf oder ein Grillrost mit der Möglichkeit des Aufhängens, kannst du ein Dreibein nutzen. Dessen Prinzip kennst du sicher von den Schwenkgrills. Der Vorteil für dich: Du kannst den Abstand zur Glut und damit die Hitze stufenlos regulieren.

Alternativ kannst du einen Topf kaufen der seine Füße gleich mitbringt. So ist es beim Dutch Oven. Du kannst Töpfe und Pfannen auch auf ein Grillrost stellen, welches du auf oder über der Feuerschale anbringst.

## Kohleschaufel

Du ahnst es schon: Wenn du nur am Feuer sitzen möchtest, brauchst du sie nicht unbedingt. Beim Grillen und Kochen hilft sie dir dagegen. Mit einer Kohleschaufel kannst du dir die Glut so platzieren, wie du es brauchst.

# Kochmethoden an der Feuerschale

Das Zubereiten von Nahrung über dem offenen Feuer ist wohl die älteste Form des Kochens. Mit Feuer kochst du einfach, effektiv und vor allem richtig lecker. Gerade in der heutigen Zeit schaffst du dir eine gemütliche Abwechslung. Gesellig und urig. Hast du Lust auf etwas Inspiration? In diesem Kapitel zeigen wir dir, welch vielfältige Kochmethoden es für das offene Feuer gibt.

## Dutch Oven

Suchst du DEN Alleskönner am Feuer schlechthin? Dann hast du ihn mit dem Dutch Oven gefunden. Wir lieben ihn. So sehr, dass wir ihm unser erstes Buch gewidmet haben. Der Titel: **"Die Dutch Oven Fibel XXL".**

Ein Dutch Oven ist ein dickwandiger Kochtopf aus Gusseisen. Dazu gehört ein ebenfalls schwerer, ganz besonderer Deckel. Aufgrund des dickwandigen Gusseisens heizt ein Dutch Oven nur langsam auf. Damit ist er perfekt zur schonenden Zubereitung von Mahlzeiten geeignet. Hast du ihn erst einmal auf Temperatur gebracht, speichert er diese und braucht in der Folge relativ wenig Glut für den weiteren Kochvorgang.

Der passgenaue Deckel sorgt dafür, dass der Dampf nicht entweicht und die Speisen mit einer Rundum-Hitze gegart werden. Vor allem Fleisch bleibt auf diese Weise schön saftig. Zwei weitere Besonderheiten kennzeichnen den Dutch Oven: Zum einen verfügen die meisten über drei Füße. Du kannst ihn in die Glut stellen. Zum anderen haben die Deckel des Dutch Oven einen hohen Rand. So kannst du Kohlen darauf legen, ohne dass sie beim Hantieren ins Essen fallen.

Den Deckel kannst du bei den meisten Dutch Oven auch als Pfanne benutzen. Dazu muss er innen eben geformt sein. Er wird dann einfach umgedreht und auf einen Pfannenknecht gelegt. Du siehst: Mit einem Dutch Oven kannst du backen, kochen und braten.

## Zucchini-Topf im Dutch Oven

Schwierigkeitsgrad:
leicht
Benötigt wird außerdem:
Ein Messer und ein Schneidebrett.

## Zutaten

- 3-4 große Zucchini
- 200 g Sahne
- 200 g geriebener Emmentaler Käse
- 1 Zitrone
- Etwas Öl
- Salz, Pfeffer, Chili-Flocken n.B.

## Zubereitung im Dutch Oven

Die Zitrone in zwei Hälften schneiden. Die Zucchini putzen und in etwa fingerdicke Scheiben schneiden. Nun Schichtweise im Dutch Oven auslegen. Auf jede Schicht etwas Zitronensaft pressen sowie mit Salz, Pfeffer und nach Geschmack Chili-Flocken würzen. Auf die letzte Schicht die Sahne geben und am Ende mit dem geriebenen Käse bestreuen. Deckel auf den Dutch Oven und für knapp eine Stunde in die Hitze geben.

## Pfanne

Nutze am besten nur spezielle Pfannen aus Gusseisen oder Schmiedeeisen. Die gängigen Pfannen aus der Küche sind ungeeignet. Sie haben einen Kunststoffgriff der schmilzt, sind aus Aluminium oder mit einer Antihaft-Beschichtung ausgestattet und vertragen deshalb keine starke Hitze.

Wir empfehlen dir eine Pfanne aus Gusseisen. Gusseisen ist einfach ein verlässliches, starkes Material mit hervorragendem Wärmespeicher. Anders als dünnwandige Blechpfannen bzw. Pfannen aus Schmiedeisen sind solche aus Gusseisen auch formstabil. Der Boden beult sich nicht aus.

### Himmel und Erde in der Pfanne

Schwierigkeitsgrad:
mittel
Benötigt wird außerdem:
Ein Messer und ein Schneidebrett.

### Zutaten für 4 Personen

- 3 Äpfel (Himmel)
- 600 g Kartoffeln (Erde)
- 300 g Blutwurst
- 2 Zwiebeln
- 2 EL Butterschmalz
- 2 Zweige Majoran
- 3 EL Mehl
- Crème-fraîche
- Salz und Pfeffer

## Zubereitung in der Pfanne

Kartoffeln und Zwiebeln schälen. Die Kartoffeln würfeln und die Zwiebeln in Scheiben schneiden. Das Butterschmalz in der Pfanne auf dem Pfannenknecht über der Feuerschale schmelzen und die Kartoffeln darin etwa 6 Minuten anbraten. Dabei regelmäßig wenden. Danach die Zwiebeln hinzugeben. Wieder 6 Minuten bei regelmäßigem Wenden braten. Nebenher die Äpfel achteln (Kern entfernen). Die Äpfel in die Pfanne geben und mit Salz und Pfeffer abschmecken. Weitere 6 Minuten bei stetigem Wenden in der Pfanne braten. Die Blutwurst entpellen und in grobe Scheiben schneiden. Diese im Mehl wenden. Dann in die Pfanne geben und nach unten heben, so dass die Blutwurst die meiste Hitze abbekommt. Die Majoranblätter zupfen und unterheben. Mit einem Klecks Crème-fraîche servieren.

# Feuerkessel

Es muss nicht immer ein Dutch Oven sein. Du kannst auch einen "normalen" Topf nutzen. Achte jedoch darauf, dass der Topf keine Kunststoffgriffe oder sonstigen feuerempfindlichen Teile enthält.

Wir nennen die dahinter stehende Methode Kochen mit dem Feuerkessel. Du kannst dir darunter einen schlichten Kochtopf aus Blech vorstellen, einen solchen aus Gusseisen oder einen aus Kupfer. Auswirkungen auf das Arbeiten mit den Rezepten hat dies kaum. Spürbar werden die Unterschiede insbesondere bei den verschiedenen Garzeiten. So erhitzt ein Kochtopf aus Blech zwar schneller als einer aus Gusseisen, dafür speichert er die Hitze nicht so gut. Die jeweiligen Eigenarten des Materials gilt es zu beachten. Sie hat gleichermaßen Einfluss wie die Wandstärke des Topfes, die Größe oder der Abstand zur Glut. Mehr dazu findest du weiter unten im Kapitel "Kochen mit Rezepten".

Für das Kochen mit dem Feuerkessel solltest du idealerweise ein Dreibein haben. Damit kannst du den Kessel sicher über der Hitze platzieren. Außerdem gelingt es Dir mittels der Kette, die Hitze im Kessel zu regulieren.

## Chili aus dem Feuerkessel

Schwierigkeitsgrad:
leicht
Benötigt wird außerdem:
Ein Messer und ein Schneidebrett.

## Zutaten für 4-6 Personen

- 750 g Rinderhack
- 2 Zwiebeln
- 5 Knoblauchzehen
- 2 EL Mehl
- 400 ml Tomatensaft

- 400 g Tomaten, frisch oder aus der Dose
- 375 g Mais
- Chilipulver (alternativ Chilisauce)
- Kreuzkümmel
- Oregano
- Salz und Pfeffer
- 400 g Kidneybohnen
- 3 EL Öl

Fotolia

### Zubereitung im Feuerkessel

Zunächst werden die Zwiebeln sowie die Knoblauchzehen klein gehackt. Dann das Pflanzenöl im Feuerkessel erhitzen, die Zwiebeln und den Knoblauch hinzu geben und etwas andünsten. Dann das Hackfleisch hinzu geben und krümelig braten. Nun kommen die Tomaten und der Tomatensaft in den Topf und werden einmal aufgekocht. Dabei gelegentlich umrühren. Im Anschluss den Mais und die Bohnen hineingeben und eine halbe Stunde köcheln lassen. Je nach Geschmack und gewünschter Schärfe mit Salz, Pfeffer, Kreuzkümmel, Oregano sowie dem Chilipulver oder der Chilisauce abschmecken.

## Spieße

Grillspieße oder auch Grillfackeln sind der Renner auf Stadtfesten, Volksfesten und Festivals aller Art. Grund genug, sie nach Hause zu holen. Es gibt zwei Arten von Spießen: Drehspieße und Handspieße. Mit Drehspießen kannst du knusprige Grillhähnchen, Spanferkel oder Ähnliches zubereiten. Drehspieße gibt es bereits fertig zu kaufen. Du findest sie mit manuellem und mit elektrischem Antrieb. Statt Spieße zu kaufen, kannst du dir auch zwei Astgabeln und einen längeren Ast nehmen. Damit baust du dir einen provisorischen und zweckmäßigen Drehspieß. Allerdings ist dazu etwas Erfahrung nötig, damit das Grillgut nicht in der Feuerschale landet. Sicherer ist ein fertiger Spieß.

Handspieße sind perfekt für einen Grillabend geeignet. Du kannst sie aus Stahl oder stabilem Holz kaufen. Sie selbst anzufertigen geht natürlich auch. Sehr gut geeignet sind Gerten vom Haselstrauch, weil sie gerade gewachsen und sehr flexibel sind. Wenn du keinen Haselstrauch hast, nutze einfach ein anderes Holz.
Handspieße musst du natürlich nicht zwingend in der Hand halten. Du kannst sie auf ein Grillrost legen und wie du es sonst auch kennst grillen. Unser Freund Heinz macht vor, wie es noch einfacher geht: Er stellt zwei Backsteine hochkant an den Rand der Feuerschale und legt die Spieße quer darüber. "Kein schmutziges Grillrost, kein Besteck, kein abwaschen" sagt er grinsend und verputzt das Grillgut direkt vom Spieß. Heinz nutzt übrigens flache Spieße, die er noch mal anspitzt. So fällt nichts herunter und die Spieße lassen sich besser bestücken. Wir besuchen Heinz jetzt öfter...

Sollen deine Kinder ihre Handspieße selbst halten, sorge dafür, dass ihre Fleischspieße mit schnell zu garenden Speisen versehen sind. Das gleichmäßige Drehen und den richtigen Abstand zum Feuer zu halten, fällt ihnen oftmals noch schwer. Außerdem wird den Sprösslingen dabei schnell langweilig. Du kannst den Kindern eine praktische Hilfe anbieten, in dem du kleine Astgabeln in den Boden steckst. Darauf können sie ihre Spieße zwischendurch einmal ablegen und Pause machen.
Unsere Kinder haben wir übrigens mit einem Marshmallows-Spieß verzaubert. Sie wollen immer wieder gern selbst was in die Flammen halten. Diese Zuckerschaumstückchen sind für Kinder besonders gut geeignet. Das Rösten verlangt ihnen keine Geduld ab. Es geht einfach und schnell. Niemand macht sich dabei schmutzig. Und: Süßes mögen sie doch immer, damit bekommt man die Kinder garantiert nach draußen gelockt. Fällt mal ein Marshmellow in die Feuerschale ist das auch nicht schlimm. Er verbrennt einfach.

Ein Tipp falls du Holzspieße verwendest: Wässere die Holzspieße vor Gebrauch mindestens einen Tag lang. Sie haben dadurch eine viel längere Lebensdauer. Sie verbrennen dir auch nicht so schnell über der Feuerschale.

## Zwiebel-Schaschlik auf dem Spieß

Schwierigkeitsgrad:
leicht Benötigt wird außerdem:
Ein Messer, ein Schneidebrett, eine Schüssel, Spieße.

## Zutaten

- 1 kg Nackenfleisch
- 4 große Zwiebeln
- 1/2 l Milch
- 1 gehäufter EL Tomatenmark
- 1 Kiwi
- 1 EL Essig
- Salz und Pfeffer

## Zubereitung mit Spießen

Zunächst das Fleisch in Würfel schneiden (nicht zu klein). Die Zwiebeln in große Stücke schneiden. In der Schüssel Tomatenmark sowie Essig, mit nicht zu wenig Salz und Pfeffer vermischen. Die Fleischwürfel und die geschnittenen Zwiebeln hinzugeben und die Mischung ordentlich einmassieren. Mit der Milch aufgießen und über Nacht an einem kühlen Ort lagern (Kühlschrank). Etwa 2-3 Stunden vor dem Grillen die Kiwi schälen, würfeln und in die Schüssel geben. Zum Grillen die Fleischstücke und die Zwiebelstücke aus der Schüssel fischen und im Wechsel auf die Spieße verteilen. Die Spieße auf das Grillrost legen und dort solange garen, bis das Fleisch durch ist.

### Tipp

Die Kiwi sollte nicht gleich zu Beginn mit in die Schüssel, da das Fleisch sonst zu weich wird und nicht mehr für die Spieße geeignet ist.

## Grillrost

Du findest verschiedene Grillroste für die Feuerschale. Geschweißte Edelstahlroste, Roste aus Gusseisen, freischwingende Roste an einem Dreibein sowie Gestelle, die direkt in der Glut stehen können. Achte bei deinem Rost vor allem auf eine hinreichende Stabilität.

Wir möchten dir noch eine ganz besondere Lösung vorstellen: Ein exakt auf die Feuerschale abgestimmtes Grillrost. Es handelt sich um einen Halbkreis, dessen Durchmesser dem der Feuerschale entspricht. Am Rost befinden sich zwei praktische Haltegriffe, so dass das Hantieren leicht und sicher gelingt. Mit solch einem Grillrost funktionierst du die Feuerschale im Nu zu einem vollwertigen und besonderen Grill um. Die Besonderheit des Halbrunds liegt darin, dass du so die fortwährende Möglichkeit hast, immer wieder neue Glut zu erzeugen ohne das Grillen zu unterbrechen. Du unterhältst auf der einen Hälfte der Feuerschale ein Feuer. Die daraus entstandene Glut schiebst du von Zeit zu Zeit und je nach Bedarf unter die Hälfte mit dem Grillrost. Auf diese Weise kannst du nicht nur unendlich lange grillen, sondern auch sehr gut die Temperatur beeinflussen. Dazu schiebst du die Glut einfach hin und her. Seit der Entdeckung dieses Vorzuges ist die Feuerschale unsere erste Wahl zum Grillen geworden.

## Gefüllte Riesenchampignons vom Grill

Schwierigkeitsgrad:

leicht

Benötigt wird außerdem:

Ein Grillrost für die Feuerschale.

## Zutaten für 4 Personen

- 8 Riesenchampignons
- 3 Packungen Bacon in Scheiben
- 100 g Gauda
- 100 g Fetakäse

## Zubereitung

Zuerst den Käse in kleine Würfel schneiden. Danach die Champignons putzen und die Stiele herausbrechen. Anschließend das „Loch“ noch mit kleinen Stückchen vom Feta und Gauda befüllen. Zum Schluss die gefüllten Champignons mit jeweils drei Scheiben Bacon so umwickeln, dass diese komplett bedeckt sind. Zum anschließenden Grillen darauf achten, dass die brennenden Stücke Holz zur Seite geschoben werden, so dass man nur die Glut unter dem Rost hat. Dann die Champignons zunächst mit der gefüllten Seite nach unten auf das Grillrost legen, bis der Bacon knusprig braun geworden ist. Danach kann vorsichtig gewendet und die zweite Seite ebenfalls gegrillt werden. Dann sind die Champignons gar und der gefüllte Käse schön zerlaufen und zum sofortigen Verzehr bereit.

## Grillring

Der Grillring ist eine Alternative zu einem Grillrost. Es handelt sich ebenfalls um einen Aufsatz für die Feuerschale. Die Mitte der Feuerschale bleibt dabei frei, auf dem Rand der Schale liegt ein breiter Ring zum Grillen und Kochen. Ein Grillring hat gegenüber dem normalen Grillrost, welches die gesamte Schale bedeckt, den wesentlichen Vorteil, dass du nicht warten musst, bis nur noch Glut zum Grillen vorhanden ist. Das Feuer kann in der Mitte der Schale lodern. Du kannst gleich mit dem Grillspaß beginnen.

### Rösti auf dem Grillring in der Feuerschale

Schwierigkeitsgrad:
leicht
Benötigt wird außerdem:
Ein Grillring für die Feuerschale, eine Küchenmaschine mit Reibescheibe (eine Handreibe geht auch).

### Zutaten für 6 Personen

- 1 kg Kartoffeln
- 2–3 große Zwiebeln
- 2 Eier
- 2 EL Mehl
- Salz, Pfeffer
- evtl. Speck- oder Schinkenwürfel, geriebener Käse nach Wahl

### Zubereitung mit Grillring in der Feuerschale

Die Kartoffeln für die Rösti (Kartoffelpuffer) schälen und durch die Küchenmaschine mit der groben Reibescheibe reiben. Die Zwiebeln fein hacken und unter die Kartoffeln mischen. Mit den Eiern und dem Mehl verrühren, so dass die Masse sich gut verbindet. Mit Salz und Pfeffer würzen, nach Belieben Schinkenwürfel oder Käse untermengen.
Den Grillring der Feuerschale leicht mit Speiseöl einreiben (dazu Küchenkrepp verwenden) und 2–3 Esslöffel der Kartoffelmasse darauf geben. Die Masse flach andrücken und backen bis die Unterseite goldbraun ist. Vorsichtig mit einem Pfannenwender umdrehen und die zweite Seite ebenfalls knusprig braun backen.
Die weiteren Rösti werden auf gleiche Weise fertiggebacken. In der Nähe der Feuerschale abgedeckt warmhalten (zum Beispiel in einem Drahtkorb hoch am Dreibein). Die Röstis duften herrlich und schmecken wunderbar als deftiger Snack oder als Beilage zu Fleisch- oder Gemüsegerichten von der Feuerschale.

## Glutkochen

Möchtest du dein Essen einmal auf ungewöhnliche Art zubereiten? Dann könnte das Glutkochen etwas für dich sein. Hierfür benötigst du zunächst Glut. Nimm trockenes und hartes Holz, welches du etwa eine Stunde herunterbrennen lässt. Achte darauf, dass du genügend Glut hast, um die gewählten Lebensmittel von allen Seiten eindecken zu können. In der Glut kannst du prinzipiell alles garen, was eine Schale hat. Kartoffeln beispielsweise. Sie können komplett mit der Glut überhäuft werden. So garen die Kartoffeln in etwa 45 Minuten. Nach dem Garvorgang nimmst du die Schale einfach ab und genießt deine Glutkartoffeln.

Ebenfalls lecker: Die gegarte Zwiebel. Sie hat ja bekanntlich eine Schale. Dank ihr, kann auch die Zwiebel einfach so in die Glut. Die äußeren Schichten werden verbrennen. Entfernst du diese nach einer Garzeit von etwa 45 Minuten, bleibt dir eine herrlich aromatische Zwiebel.

Hättest du es gedacht? Selbst Paprika kannst du in der Glut garen. Trotz ihrer feinen Schale. Sei dabei nicht verunsichert, auch wenn die Schale schwarz wird. Dann sieht die Paprika erst einmal ungenießbar aus. Ist sie aber nicht, lediglich die Haut muss herunter. Dazu legst du die heiße Paprika in einen Behälter mit Wasser und ziehst die schwarze Haut ab. Übrig bleibt eine leckere Paprika. Zusammen mit gutem Öl ein wahrer Genuss.

Unser Fazit zum direkten Glutkochen: Es geht (fast) alles, was eine Schale hat. Sei kreativ und trau dich. Belohnt wirst du mit einem herrlichen Raucharoma.

Natürlich kannst du die Lebensmittel auch in Alufolie einwickeln und in die Glut legen. Dann kannst du auch gleich Öl und je nach Geschmack Salz und Pfeffer sowie sonstige Gewürze dazugeben.

## Herzhafter Braten aus der Glut

Schwierigkeitsgrad:
mittel
Benötigt wird außerdem:
Eine stabile Alufolie, 5 - 6 Seiten Zeitungspapier oder etwas Pack-Papier.

## Zutaten für 6 Personen

- 1 kg Schweinekamm ohne Knochen
- 3 Zwiebeln
- 3 Knoblauchzehen

### Für die Marinade

- 1 EL scharfer Senf
- Salz, Pfeffer, Paprikapulver, nach Geschmack Chili-Flocken
- 3 Zweige Thymian (gehackt)
- Olivenöl

## Zubereitung Glutkochen

Kräuter und Gewürze mit Öl zu einer Marinade verrühren und den Braten damit gründlich einstreichen. Knoblauch in Scheiben und Zwiebeln grobe Stücke hacken, auf den Braten legen und in Alu-Folie einpacken. Im Kühlschrank mindestens einen Tag lang ruhen lassen. Zwei Stunden bevor du mit dem Grillen beginnen möchtest, mit Buchenholz ein Feuer machen und bis zu einem Glutberg herunterbrennen lassen. Packe das Paket bevor es losgeht zusätzlich in nasses Zeitungspapier oder Pack-Papier ein. Das verhindert, dass es verbrennt und das Fleisch bleibt saftig.

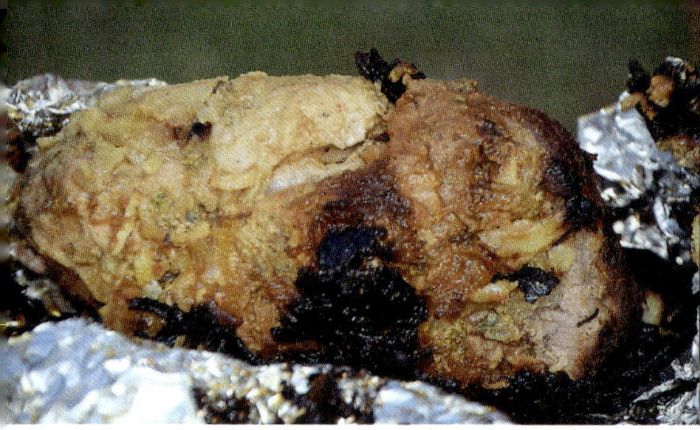

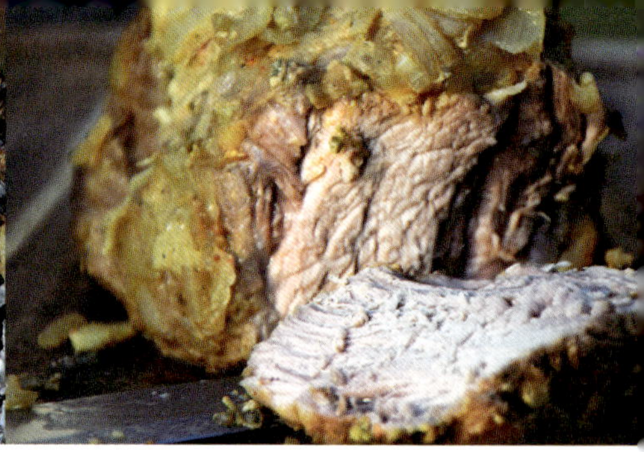

In den Glutberg eine Mulde machen, das Fleischpäckchen hinein geben, mit Glut bedecken und 90 Min. garen lassen. Nach der Hälfte der Zeit einmal wenden. In der Zwischenzeit kannst du dich um deine Gäste kümmern. Du solltest aber auch von Zeit zu Zeit überprüfen, ob der Braten immer noch gut von der Glut bedeckt ist. Wenn die Garzeit um ist, nimm das Bratenpäckchen aus der Glut und wickle das Papier sowie die Alufolie ab. Schneide nun das Fleisch in Scheiben und lass dich überraschen, wie saftig es geworden ist.

## Aschekochen

Ist es nicht schön, dass man auch in fortgeschrittenem Alter immer noch zum Staunen gebracht werden kann? Unser Freund Heinz hat dies vollbracht. Wir saßen nach einem netten Abend (an seiner überdimensionierten Feuerschale) beim gemeinsamen Frühstück und wunderten uns über leere Eierbecher. Hatte er vergessen, Eier zu kochen? Ganz im Gegenteil! Er hatte daran gedacht. Noch am Vorabend. Heinz ging also mit einem vielsagenden Schmunzeln zu seiner Feuerschale und zauberte 6 Eier aus der Asche hervor. So geht es also auch!

Inzwischen kennen wir das Geheimnis. Eier kannst du in die Asche legen und dort für etwa 10 Stunden belassen. Es braucht dazu jedenfalls zu Beginn noch aktive Glut in der Schale, so dass grundsätzlich genügend Hitze vorhanden ist. Die Asche wirkt dann als mildernde "Schutzschicht". Die Eier würden sonst platzen. Eine spannende Methode des Eierkochens, zumal eine feine aber besondere Geschmacksnote hinzukommt. Wie diese schmeckt, findest du am besten selbst heraus. Beachte dabei: Eier in die Feuerschale zu legen ist eine Kunst für Fortgeschrittene. Eier können platzen, Eier können roh bleiben. Dazwischen liegt der Erfolg. Wir brauchten mehrere Versuche.

Mit heißer Asche kannst du all diejenigen Dinge zubereiten, die mit weniger Hitze auskommen. Wickle die Lebensmittel in Alu-Folie ein und decke sie mit Asche zu. Geeignet sind beispielsweise saftiger Fisch, knackiges Gemüse oder frisches Obst. Auch hier gilt: Trau dich ruhig und experimentiere ein wenig. Das gilt auch hinsichtlich der Beigabe von Butter oder Ölen sowie frischen Kräutern und Gewürzen. Eingewickelt in Alu-Folie können sich die leckersten Aromen ergeben.

### Kartoffel aus der Asche

Schwierigkeitsgrad:
leicht
Benötigt wird außerdem:
Etwas Alufolie.

### Zutaten für 6 Personen

- 18 mittelgroße festkochende Kartoffeln
- Butter und Salz, Quark oder Sour Creme

### Zubereitung in der Asche

Die Vorbereitung geht schnell von der Hand. Du nimmst die gewünschte Anzahl an Kartoffeln und wäscht sie ab. Nachdem du diese dann abgetrocknet hast, wickelst du sie in Alufolie ein. Die Kartoffeln legst du nun an den Rand der Glut in die schon vorhandene Asche. Um eine gleichmäßige Hitzeverteilung zu bekommen, wende die Kartoffeln zwischendurch mehrmals. Nach gut 60 min. sind die Kartoffeln gar. Jetzt je nach Geschmack Butter und Salz, Quark oder Sour Creme dazu reichen.

## Garvorgang im Blatt

Es geht noch exotischer: Statt in Alufolie, kannst du deine Speisen auch in Weißkohl-, Algen- Bananen- oder ähnlichen Blättern einwickeln. Algen- und Bananenblätter findest du in Asia-Shops. Auch gut sortierte Supermärkte führen sie. Meist lagern sie dort tiefgefroren, so dass du sie vor der Verwendung auftauen musst.

Wie du die Blätter einsetzt? Wir erläutern es am Bespiel des Bananenblatts: Die Blätter haben eine Größe zwischen 50-150cm und werden meist in Päckchen von 500g Inhalt angeboten. Breite das Blatt auf einer großen Arbeitsfläche aus und wische es mit einem feuchten Tuch ab. Vor der weiteren Verwendung solltest du die Bananenblätter einmal kurz erhitzen. Nutze hierzu das Feuer aus deiner Feuerschale. Beim Erhitzen tritt Öl aus den Poren und das Blatt wird geschmeidig und weich. Perfekt, um befüllt zu werden, ohne dabei zu reißen. Zur Befüllung eignet sich vor allem Fisch ganz hervorragend. Im Blatt bleibt er saftig und aromatisch. Aber auch Fleischgerichte gelingen. Das Grillgut wird in die Mitte des ausgebreiteten Bananenblattes gelegt, gewürzt und verpackt. Das Verpacken gelingt dir am einfachsten, indem du das Bananenblatt mit einer Küchenschere zuschneidest, nachdem du die Füllung platziert hast. Um das Paket sicher zu verschließen, kannst du Zahnstocher aus Holz verwenden. Wenn du ein geschicktes Händchen hast, kannst du auch die robusten Blattstreifen der Bananenblätter selbst nehmen. Diese geben dem „Grill-Päckchen“ einen noch natürlicheren, ursprünglicheren Touch. Küchengarn eignet sich natürlich auch.

Für das Garen im Blatt ist es ratsam, den Fisch oder das Fleisch mit mehreren Lagen von Blättern zu umwickeln. Die Päckchen werden über der Feuerschale relativ schwarz. Mit mehreren Lagen vermeidest du, dass dein Essen angesengt wird.

Lasse die Bananenblätterpäckchen beim Grillen auf der Feuerschale nicht in direkten Kontakt mit den Flammen treten. Nutze einen Grillrost oder eine Grillpfanne, um ein wenig Abstand zum Feuer zu schaffen. Je nach Grillgut – Fisch oder Fleisch – solltest du nach 15-20 Minuten eine schonend durchgegarte Mahlzeit erhalten.
Eines noch: Die „Grillverpackung" bitte nicht verzehren, die Blätter sind ungenießbar.

## Lachs im Bananenblatt auf der Feuerschale

Schwierigkeitsgrad:
mittel
Benötigt wird außerdem:
Etwas Küchengarn oder ein paar Zahnstocher, Grätenpinzette und Pinsel, Grillrost und gusseiserne Pfanne (mit Pfannenknecht) für die Feuerschale, Platte zum Ablegen und Küchentücher.

## Zutaten für 6 Personen

- 900 g Lachsfilet mit Haut (wichtig)
- 3 Bananenblätter

### Für die Marinade

- 2 EL Sesamsamen
- 2 EL Sesamöl
- 1 EL Zitronensaft
- 1 TL Honig
- Salz, Pfeffer

## Zubereitung im Bananenblatt

Das Lachsfilet abspülen, trockentupfen und mit einer Grätenpinzette die evtl. noch vorhandenen Gräten entfernen. und in Streifen à ca. 150 g schneiden.
Die Bananenblätter vorsichtig mit Küchenkrepp feucht abwischen, dabei immer in Faserrichtung streichen, aufpassen, dass die Blätter nicht einreißen.

Für die Marinade, die Sesamsamen ohne Fett kurz in der Pfanne über der Feuerschale anrösten. Mit den übrigen Zutaten in einer Schüssel verrühren. Jede Fischtranche mit der Hautseite auf das Bananenblatt legen und mit etwas Marinade beträufeln, ggf. noch mit dem Pinsel etwas in den Fisch massieren. Vorsichtig die Bananenblätter um den Fisch wickeln, gerne auch mehrmals. Mit Küchengarn oder Zahnstochern fixieren.

Die fertigen Päckchen auf eine Platte legen, ein Küchentuch anfeuchten, damit abdecken und unmittelbar vor dem Grillen jedes Päckchen nochmals mit Wasser bepinseln.

Bei mittlerer Hitze (dazu vermeidet man auf der Feuerschale ganz einfach direkte Flammen) werden die Päckchen nun gute 10 Minuten gegrillt.

## Banane im Blatt gegrillt

Schwierigkeitsgrad:
mittel

Benötigt wird außerdem:
Etwas Küchengarn und ein Grillrost für die Feuerschale.

## Zutaten für 4 Personen

- 4 Bananen
- 2 Bananenblätter
- 1 unbehandelte Orange
- 3 TL flüssiger Honig
- 2 Prisen Muskatnuss
- 4 TL Kokosöl

**Zubereitung im Blatt**

Die Bananen schälen und in mundgerechte Stücke (ca. 3-4 cm) schneiden.
Blätter halbieren und von jeder Hälfte einen 1cm breiten Streifen abschneiden, mit einem feuchten Tuch abwischen.
Orangen waschen, die Schale abschälen und in feine Streifen schneiden. Schale, flüssigen Honig und Muskat mischen, Bananenstücke unterheben.
Mischung in der Mitte der Blätter verteilen, 1 TL Kokosöl draufgeben, Blätter mit den Bananenblattstreifen zu festen Päckchen verschließen. Ggf. mit Küchengarn sichern.

Auf mittlerer Hitze über der Feuerschale – am besten auf dem Rand des Grillrostes - ca. 25 Minuten garen und warm servieren.
Gut dazu schmeckt auch die Mascarpone-Creme aus dem Rezept der gegrillten Blutorangen dazu.

## Feuereisen

Zum Abschluss möchten wir noch eine Methode vorstellen, die wir Feuereisen nennen. Dabei handelt es sich um lange Eisenstangen mit einem Griff, an deren anderem Ende verschiedene Zubereitungsmöglichkeiten angebracht sind. Du findest Waffeleisen, Sandwichmaker, Grilleisen, Popcornmaker und viele andere mehr. Hier nun einige Feuereisen mit passenden Rezepten dazu.

## Popcornmaker

Mit dem Popcornmaker gelingt Popcorn genauso einfach wie die fertigen Popcorntüten für die Microwelle. Die Lüfungslöcher der zweiteiligen Schale sind perfekt angeordnet und so ploppen deine Popcorn darin rasant groß. Mit Kindern ist es das Zubehör, mit dem du am meisten Punkte bei ihnen erhalten wirst!

## Sandwicheisen

Mit dem Sandwicheisen (auch Panini-Eisen genannt) zauberst du leckere Sandwiches. Sandwiches über der Feuerschale zubereitet, eignen sich gut als kleine Vorspeise solange das Fleisch noch nicht gar ist oder auch als leckerer Snack für Zwischendurch. Der Fantasie sind keine Grenzen gesetzt. Hier sind drei Klassiker aus der Sandwich-Küche.

### Toast Hawaii - Der Klassiker der 1960er Jahre

Schwierigkeitsgrad:
leicht
Benötigt wird außerdem:
Ein Sandwicheisen (Feuereisen).

### Zutaten für 1 Person

- 2 Scheiben Toast
- 2 Scheiben Kochschinken (dünn geschnitten)
- 2 Scheiben Scheibletten-Käse
- 1 Scheibe Ananas
- Öl zum einfetten

## Zubereitung im Sandwicheisen

Beide Seiten des Sandwicheisens etwas einfetten und die Toastbrotscheiben in den Sandwichmaker legen. Die Brot-Innenseiten mit dem Kochschinken und dem Scheibletten-Käse belegen, auf eine Seite die Ananas (wie beim Original gut abgetropft aus der Dose). Den Sandwichmaker zusammenklappen und das Ganze über der Feuerschale goldbraun garen.

## Sandwich Vegetaria

Schwierigkeitsgrad:
leicht Benötigt wird außerdem:
Ein Sandwicheisen.

## Zutaten für je 4 Person

- 1 Ciabatta-Brot
- 2 kleine Paprika rot und gelb
- 1 rote Zwiebel
- 1 Tomate
- 2 EL Tomatenmark
- 50 g vegane Mayonnaise
- Basilikum (frisch oder getrocknet)
- Salz, Paprikapulver, bunter Pfeffer aus der Mühle
- Öl zum einfetten

## Zubereitung im Sandwicheisen

Das Ciabatta-Brot halbieren, auf die richtige Größe zurechtschneiden. Paprika, Tomate und Zwiebel ganz klein schneiden, mit der Mayonnaise, dem Tomatenmark sowie dem Basilikum vermischen. Mit Salz, Pfeffer und Paprika würzen, eine Brotseite damit bestreichen und die andere Seite darüber klappen. Beide Seiten des Sandwicheisens leicht mit Öl bestreichen, das Brot dazwischen legen und über der Feuerschale garen, bis es goldbraun ist.

**Achtung:**

Das Innenleben kann sehr heiß sein, daher vor dem Verzehr etwas abkühlen lassen.

### After- Eight-Toast - Die süße Verführung

Schwierigkeitsgrad:

leicht

Benötigt wird außerdem:

Ein Pürierstab, ein Sandwicheisen (Feuereisen).

### Zutaten für 4 Personen

- 8 Scheiben Toast
- 2 Bananen
- 8 Medjoul-Datteln entsteint
- 1 EL frische Minzeblättchen
- 2 EL Kakaopulver
- Öl zum einfetten

### Zubereitung im Sandwicheisen

Die Datteln und die Minzeblättchen klein schneiden, mit dem Kakaopulver und der Banane verrühren. Anschließend fein pürieren und die Toastscheiben damit bestreichen.

Beide Seiten des Sandwicheisens leicht mit Öl bestreichen und die Toasts im Sandwichmaker über der Feuerschale goldbraun werden lassen. Dabei das Eisen ab und zu hin und her wenden.

## Waffeleisen

Vor allem bei Kindern äußerst beliebt: Das Waffeleisen. Hier ein klassisches Rezept dazu sowie zwei weitere Varianten:

## Waffeln im Waffeleisen für die Feuerschale

Schwierigkeitsgrad:

leicht

Benötigt wird außerdem:

Ein Rührgerät, eine Rührschüssel, eine Tasse zum Trennen der Eier, Silikonpinsel, Schöpfkelle.

## Zutaten für 6 Personen

- 600 g Mehl
- 300 g Margarine
- 550 ml Milch
- 300 g Zucker
- 7 Eier
- 1 Packung Backpulver
- 1 Packung Vanillezucker
- Öl zum Einfetten

## Zubereitung im Waffeleisen

Zunächst die sieben Eier trennen (das Eigelb kann sofort in die Rührschüssel). Dann die Margarine, den Zucker, den Vanillezucker mit dem Eigelb schaumig rühren. Jetzt das Mehl zusammen mit Backpulver und lauwarmer Milch unter die zuvor gerührte Masse einrühren. Das Eiweiß getrennt mit dem Rührgerät zu Eischaum schlagen und unter die Teigmasse unterheben.

Das Waffeleisen für die Feuerschale benötigt keine Vorhitze. Mit einem Silikonpinsel etwas Öl auf beide Waffeleisenseiten streichen. Den Teig mit einer Schöpfkelle in das Waffeleisen füllen (eine Schöpfkelle pro Waffel). Das

Waffeleisen nicht direkt in die Glut (das wird zu heiß) halten. Mit geringem Abstand in den Flammen der Feuerschale für 2 bis 3 Minuten fertig backen. Zwischendurch das Waffeleisen wenden. Man kann zwischendurch einen Blick riskieren und die Bräune kontrollieren.

## Omelett aus dem Waffeleisen

Schwierigkeitsgrad:
leicht
Benötigt wird außerdem:
Ein Schneebesen und das Feuereisen für Waffeln.

### Zutaten für 4 Person

- 8 Eier
- 100 ml Milch
- Pfeffer, Salz
- Öl zum einfetten
- nach Geschmack:
- italienische Variante mit kleingeschnittenen Kräutern, z. B. Schnittlauch, Basilikum, Oregano und milden schwarzen Oliven ohne Kern,
- türkische Variante mit Tomate, Zwiebel und türkischer Wurst (Sucuk),
- amerikanische Variante mit Frühlingszwiebeln und Cheddar-Käse.

### Zubereitung im Waffeleisen

Eier aufschlagen, Gewürze dazu geben und mit einem Schneebesen zu einer glatten Masse verquirlen. Übrige Zutaten klein schneiden und unterrühren. Das Waffeleisen auf beiden Seiten mit etwas Öl einfetten, von der Eimasse soviel darauf geben, dass es sich gut verteilt und nicht überquillt. Das Waffeleisen schließen und das Omelett darin über der Feuerschale fertig backen. Für die amerikanische Variante, nochmals etwas Käse darüber streuen, sobald das Ei gestockt ist.

## Kartoffel-Möhren-Puffer mit Apfelmus

Schwierigkeitsgrad:

mittel

Benötigt wird außerdem:

Eine Küchenmaschine mit Reibe oder Handreibe, ein Rührlöffel, ein Waffeleisen und einen Dutch Oven (für den Apfelmus)

## Zutaten für 4 Personen

### Für die Puffer

- 500 g Kartoffeln
- 300 g Möhren
- 1-2 Zwiebeln
- 3 mittelgroße Eier
- 4 EL Mehl
- 1 EL Sesam
- Agavennektar nach Geschmack
- Salz
- Öl zum einfetten

### Für den Apfelmus

- 3 Äpfel
- 2-3 El Zucker
- 200 ml Apfelsaft

## Zubereitung im Waffeleisen

Für den Apfelmus die Äpfel schälen und entkernen, dann in kleine Stückchen schneiden. Apfelsaft und Zucker dazu geben und alles zusammen im Dutch Oven weich kochen lassen. Am besten bereitest du das Apfelmus schon am Anfang zu, damit es vor dem Servieren abkühlen kann.

Für die Puffer raspelst du die geputzten Möhren, abgeschälten Kartoffeln und Zwiebeln am besten mit Hilfe einer Küchenmaschine oder auf einer Handreibe. Füge die Eier, das Mehl, Salz hinzu und verrühre alles zu einem glatten Teig. Heize das Waffeleisen über der Feuerschale etwas vor, fette es mit dem Öl ein und backe die Puffer nach und nach, bis sie knusprig sind.

Die fertigen Kartoffel-Möhren-Puffer servierst du mit dem Apfelmus und streust einige Sesam-Körner darüber. Wer mag, versüßt sich die Puffer noch mit etwas Agavennektar.

### Hamburger Grilleisen

Liebhaber von Hamburgern müssen ihre Hamburger nicht in der Pfanne braten. Eigens für Hamburger gibt es ein zweiteiliges Eisen zum Klappen, so dass du darin deine Hamburger direkt über der Feuerschale grillen kannst. Als Liebhaber von Hamburgern solltest du das unbedingt mal gemacht haben.

## Stockbrotstock

Geeignet zum Aufspießen vom einfachen Stockbrot ist jeder halbwegs gerade Stock.

## Stockbrot

Schwierigkeitsgrad:
leicht
Benötigt wird außerdem::
Eine Schüssel.

### Zutaten für 4-6 Personen

- 2 TL Backpulver
- 50 g Butter
- 400 g Mehl
- 160 ml Milch
- 1 TL Salz

### Zubereitung klassisch ohne Füllung:

Ein Rezept ohne Hefe, also superschnell gemacht!!!
Alle Zutaten in eine Schüssel geben und ordentlich durchkneten bis man eine schöne Masse hat. Die formt man zu einer Kugel und nimmt mit zur Feuerstelle. Hier wird je nach Bedarf ein wenig vom Teig abgenommen und zu einer Schlange gerollt, die man um den Stockbrotstock wickelt. Den Stockbrotstock nun gleichmäßig über dem Feuer drehen, bis sich eine goldbraune Kruste gebildet hat.

### Zubereitung mit Füllung:

Superlecker: Durch den relativ neutralen Geschmack können die Stockbrote sowohl mit Nutella (zusätzlich mit Sahne und frischen Früchten), als auch mit Würstchen (Ketchup, Senf) gefüllt werden. Das geht allerdings nur mit Stockbrotstöckern, die über einen Alukörper verfügen, da sich das Brot von einem richtigen Stock so nicht lösen lässt.
Den Stockbrotstock nun gleichmäßig über dem Feuer drehen, bis sich eine goldbraune Kruste gebildet hat.

### Wursthalter/Wurstgabel

Wenn du mal kein Grillrost zur Hand hast, kannst du auch einfach einen Wursthalter bzw. eine entsprechende Gabel aus dem Handel benutzen.

### Wurst

Schwierigkeitsgrad:
leicht
Benötigt wird außerdem::
Wursthalter bzw. -gabel

### Zutaten für 4-6 Personen

- 4-6 Würstchen (egal welche)

### Zubereitung:

Einfach nur die Würstchen aufspießen und über das Feuer halten. Das macht auch Kindern besonders viel Spaß!

## Perkolator

Kaffee machst du an einer Feuerschale am besten in einem Perkolator. Was ist ein Perkolator? Es handelt sich um eine Kanne mit einem besonderen Innenleben. Die Funktionsweise ist so einfach wie genial. Du stellst den Perkolator nur über die Feuerschale und erhitzt das Wasser in der Kanne. Das in der Kanne erwärmte Wasser dehnt sich dadurch aus und so kannst du fortan beobachten, wie das Wasser im Steigrohr (Teil des Innenlebens) nach oben wandert. An der Oberkante des Steigrohrs tritt das erhitze Wasser aus und verteilt sich dort. Es befindet sich nun auf dem „Dach“ des Filters (runde Kammer des Innenlebens). Hier gelangt das heiße Wasser in den Filterbehälter und trifft auf das Kaffeepulver. Beim Durchrinnen des heißen Wassers wird das Kaffeearoma aufgesogen und läuft wieder nach unten zum Boden der Kanne. Hier vermischt sich der frische Kaffee mit dem noch immer erhitzenden Wasser. Diesen Kreislauf kannst du beliebig lang ausführen. Je länger du das so betreibst, desto stärker wird dein Kaffee im Perkolator. Mit 8 bis 12 Minuten liegst du in einem gängigen Zeitfenster für die normale Kaffeezubereitung mit solch einem Gerät.

## Alternativen zu Fertigprodukten

In unseren Rezepten wirst du immer wieder Zutaten finden, die du sicherlich als Fertigprodukte aus dem Handel kennst. Wenn du diese Zutaten lieber selbst herstellen möchtest, so geben wir dir hier eine Anleitung, wie das geht. Ansonsten funktionieren alle unsere Rezepte natürlich auch mit Fertigprodukten.

### Gemüsebrühe selbst machen

Wenn du an Gemüsebrühe denkst, siehst du schon ein Instantpulver vor dir? Leider keine Seltenheit. Dabei kannst du Gemüsebrühe sehr leicht selbst herstellen. Du brauchst sie für viele Gerichte. Einmal ein Vorrat angelegt, kannst du dich immer wieder bedienen.

Dazu putzt und schneidest du Zwiebeln, Knoblauch, Sellerie, Porree, Möhren, Tomaten und Petersilien. Als Gewürz empfehlen wir Thymian oder Basilikum. Alles zusammen ins Wasser geben. Verwende so viel Wasser, dass die Zutaten für die Gemüsebrühe leicht bedeckt sind. Alles einmal aufkochen lassen und dann bei kleiner Hitze etwas länger als eine Stunde vor sich hin köcheln lassen. Je länger du das Gemüse kochst, desto kräftiger wird die Brühe. Dann wird die Brühe durch ein Sieb gegossen und gesalzen. Nun kannst du den entstandenen Fond portioniert einfrieren und immer dann verwenden, wenn du Gemüsebrühe für ein Rezept benötigst.

## Fleischbrühe selbst machen

Auch Fleischbrühe kannst du leicht selbst herstellen. Wenn du unsere Gemüsebrühe schon gemacht hast, wird dir die Fleischbrühe auch leicht gelingen. Du brauchst dazu

## Zutaten

- 1 kg Rinderknochen
- 3 Möhren
- 1 Bund Petersilie
- 1 Knollensellerie
- 1 Stange Porree
- 1 Zwiebel
- 1 EL Butterschmalz
- Salz und Pfeffer

Du wäschst alles ab und schneidest es dann in grobe Stücke. Dann kochst du die Zutaten z.B. im Feuerkessel. Dazu bedeckst du die Zutaten gerade so mit Wasser. Das ganze soll te wenigstens 2 Stunden vor sich hin köcheln. Anschließend die Brühe durch ein Sieb trennen. Nun kochst du die Brühe noch mal für 20 Minuten ein. Zum Schluss noch mal mit Salz und Pfeffer abschmecken und portioniert einfrieren.

## Tomatenmark selbst machen

Für das Tomatenmark passierst du Tomaten. Dazu viertelst du die Tomaten und kochst sie für 10 Minuten in einem Topf; gerade so mit Wasser bedeckt. Danach drückst du die Tomaten durch ein feines Sieb. Dadurch wird das Fruchtfleisch von Kernen und Haut getrennt. Anschließend kochst du den schon dickeren Tomatensaft noch weiter. Dabei wird die Konsistenz des Tomatensaftes immer dicker. Beim Erhitzen der Masse auf über 60 Grad tötest du nebenbei die Mikroorganismen ab. So einfach pasteurisierst du.

Den Geschmack des Tomatenmarks kannst du auch beeinflussen. Reduziere einfach den Wasseranteil durch weiteres Köcheln. Je weniger Wasser das Mark enthält, desto intensiver schmeckt es. Die Tomaten selbst haben auf den Geschmack natürlich auch einen gewichtigen Einfluss. Reife oder sogar überreife Tomaten sind geschmacksintensiver als wässrige Tomaten, wie man sie in Supermärkten außerhalb der Saison findet. Und die Tomaten aus dem eigenen Garten sind nochmals intensiver. Der Ertrag "Tomatenmark aus Tomate" liegt bei etwa einem Viertel.

## Knödel selbst machen

Wenn du als Beilage Knödel servieren möchtest, musst du ebenfalls nicht auf Fertigprodukte zurückgreifen. Für 6 Personen brauchst du lediglich

- 6 Kartoffeln
- 200 g Kartoffelmehl
- 2 EL Grieß
- etwas Salz

Als erstes schälst und kochst du die Kartoffeln. Dann zerdrückst du sie. Salze die Kartoffeln nun und gebe den Grieß und das Kartoffelmehl dazu. Jetzt knetest du alles zu einer einheitlichen Masse zusammen. Solange die Masse noch warm ist, wirst du diese besser formen können. Ist der Knödelteig noch zu feucht, gibst du einfach etwas Kartoffelmehl dazu. Der Teig muss sich eher trocken anfühlen. Jetzt ist es für dich schon an der Zeit, die Knödel in Form zu bringen. In Salzwasser werden die Knödelkugeln nun für etwa 25 Minuten vorsichtig gekocht. Dann schöpfst du sie aus dem Wasser und kannst sie als Beilage servieren.

# Recht

Darf ich in meinem Garten ein offenes Feuer entfachen? Wenn ja, was muss ich dabei beachten? Grundsätzlich gilt: Ja, du darfst in deinem Garten ein Feuer machen. Dabei gibt es allerdings Vorgaben. Die wohl wichtigste betrifft die verwendeten Brennmaterialien.

Nach dem Bundes-Immissionsschutzgesetz (BImSchG), ist eine Feuerschale eine „nicht genehmigungsbedürftige Anlage", wenn du sie mit

- naturbelassenem, stückigem Holz oder
- Presslingen in Form von Holzbriketts

betreibst. Gartenabfälle wie Pflanzenreste, Baum- und Strauchschnitt darfst du also nur unter bestimmten Voraussetzungen verbrennen. Was du dabei beachten musst, regeln im Einzelnen die Verordnungen der Länder, Städte und Kommunen. Du wirst feststellen, es gibt dazu leider keine einheitlichen Regelungen. Eine allgemeingültige Regel ist von dir leicht einzuhalten. Halte die Rauchentwicklung deines Feuers immer so, dass deine Nachbarn nicht gestört werden. Verwende am besten nur getrocknetes Holz.

Befrage in Zweifelsfällen noch einmal das Ordnungsamt deiner Gemeinde oder einen Anwalt deines Vertrauens. Wir sind keine Juristen.

## Sicherheit

Diese zusätzlichen Regeln solltest du außerdem einhalten:

- Entfache kein offenes Feuer in der Nähe von Reetdachhäusern!
- Wähle einen sicheren Standort, beispielsweise einen ebenen Rasen oder noch besser eine ebene Steinfläche.
- Beaufsichtige das Feuer ständig.
  Das gilt bis zum Erlöschen der Glut.
- Bei anhaltender Trockenheit oder starkem Wind solltest du kein Feuer entzünden.
- Halte Löschmittel bereit (Sand oder Wasser).
- Lösche dein Feuer bei starker Rauchentwicklung oder Funkenflug unverzüglich!
- Verzichte auf Benzin oder andere Brandbeschleuniger als Anzünder.
- Achte auf deine Kleidung. Funkenflug brennt in feuerempfindliche Stoffe (z.B. Synthetik) sehr schnell Löcher.
- Entsorge vollständig abgekühlte Verbrennungsreste (idealer Weise nur noch Asche) ordnungsgemäß über die eigene Restmülltonne.

So, nun bist du bereit für das Abenteuer Feuerschale!

# Feuer machen

Feuerschale und Feuerholz sind gewissermaßen die Bühne für einen gemütlichen Abend. Der Hauptdarsteller auf dieser Bühne ist jedoch das Feuer selbst. Flammen und Glut, Asche und Wind sind die wichtigen Faktoren, die das Holzfeuer in der Schale bestimmen.

## Flammen

Feuer entfachst du spielend leicht. Setze ein wenig Papier oder Sägemehl in Brand. Damit entzündest du dann größere Späne und schließlich die vorgesehenen Holzscheite. Willst du dein Feuer schnell in Gang bringen, wähle einen Brennstoff mit geringer Zündtemperatur, wie beispielsweise unlackiertes Zeitungspapier. Dein Feuer braucht Sauerstoff. Kommt zu wenig daran, erstickt es einfach wieder. Bei einer Feuerschale brauchst du dir um die Sauerstoffzufuhr meist keine Gedanken machen. Lodern die Flammen deines Feuers, so ist das ein gutes Zeichen. Flammen sind das Resultat verbrennender Gase. Du wirst sie bei einem kleinen Holzfeuer in gelben und orangen Farben wahrnehmen. Diese Farbe verdanken die Flammen dem im Holz enthaltenen Kohlenstoff. Übrigens kannst du von der Farbe der Flammen auch auf die Temperatur deines Feuers schließen. Schlagen aus einigen Stellen blaue Flammen, so ist die Hitze dort sehr viel höher als bei gelben und orangen Flammen.

## Glut

Glut erhältst du, wenn das Brennmaterial in der Feuerschale zwar durchgebrannt, aber noch nicht ausgebrannt ist. Holz setzt in einem Glutbrand ein hohes Maß an Wärmeenergie frei. Bei reiner Glut kannst du in der Regel keine Flammenbildung mehr erkennen. Sie glimmt und gibt dabei ihre Wärme ab. In der Dunkelheit spendet Glut kaum Licht. So lange du Glut in der Feuerschale hast, kannst du dein Feuer jedoch schnell wieder vergrößern. Dazu legst du auf deine „lebendige" Glut ein, zwei frische Holzscheite. Dein frisches Holz wird durch die Glut schnell Feuer fangen und wunderbar helle Flammen erzeugen. Soll es ein langer Abend werden, halte dir also immer ein paar Zentimeter Glut. Übrigens: Je dicker das Holz, desto länger glüht es. Das solltest du bedenken, wenn das Ende des Abends dann doch irgendwann kommt. So musst du vor der Nacht nicht allzu viel Glut löschen.

## Asche

Das Resultat deines Feuers ist Asche. Je größer dein Feuer und je länger der Abend war, umso mehr Asche hat sich in der Feuerschale angesammelt. Prüfe die Asche sorgfältig, bevor du sie im Hausmüll entsorgst. Du musst unbedingt vermeiden, dass im Hausmüll kleine Glutherde landen. Du kannst die Asche vor dem Entsorgen entweder mehrmals durchrühren und abkühlen lassen oder diese in einem dafür vorgesehenen Ascheeimer zwischenparken. Manchmal

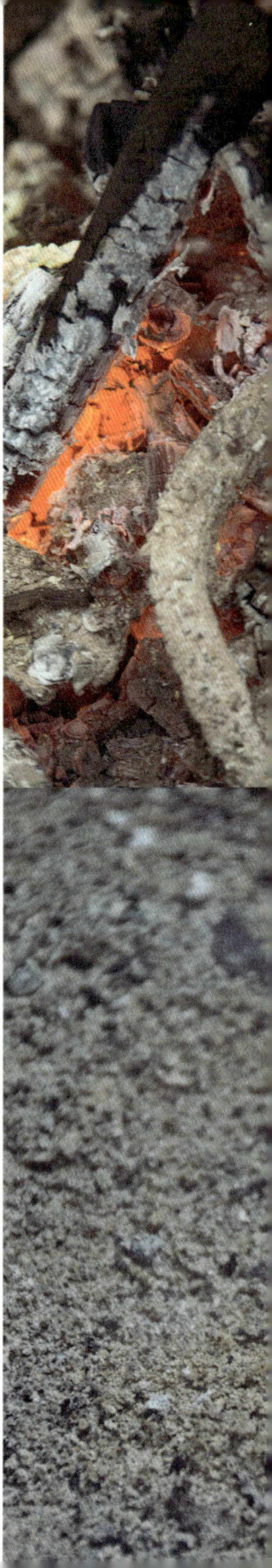

ist es besser, die Feuerschale mit der Asche einen Tag länger stehen zu lassen und erst dann zu entsorgen. 48 Stunden sollten wenigstens vergehen. Sonst ergeht es dir wie unserem Nachbarn, dessen Mülltonne dahinschmolz, bis wir zufällig darauf aufmerksam wurden und das Spektakel stoppten. Alternativ kannst du die Holzasche als traditionellen Dünger verwenden. So kannst du Kaliummangel im Garten entgegenwirken. Auch auf dem Kompost kannst du die Asche wohl dosiert entsorgen. Im Winter hast du eine weitere Möglichkeit: Die Asche ist ein effizientes Streugut für vereiste Wege.

### Wind

Der Wind sorgt in deiner Feuerschale für Sauerstoffzufuhr. Je mehr Wind du an deiner Feuerschale hast, desto mehr Sauerstoff steht deinem Feuer zur Verfügung. Durch den Sauerstoffgehalt der Luft ist Wind in der Lage, das Feuer anzufachen. Das Prinzip kannst du nutzen. Puste einfach mal in die Glut. So erzeugst du leicht eine Flamme. Aber Achtung: Pustest du direkt in die Flamme, wirst du diese möglicherweise wieder löschen. Vermutlich steht deine Feuerschale auf der Terrasse oder im Garten. Dann achte auf den Wind. Ein frischer Wind wird dir helfen, das Feuer in Gang zu bringen und in Gang zu halten. Bei starkem Wind achte auf Glut und Flammen, die nun auf umstehende Gegenstände übergreifen könnten. Es kommt auf die Windrichtung an. Beobachte wohin die Flammen schlagen. Stehen Gegenstände in dieser Richtung, so räume sie lieber aus dem Weg.

## Kinder und Feuer - Feuerpädagogik

Als Erwachsener gehst du (hoffentlich) hinreichend sorgsam mit Feuer um. Den Umgang mit Feuer wirst du in deiner Kindheit oder Jugend gelernt haben. Aus eigenem Erleben weißt du, wie faszinierend das Feuer für uns Menschen ist. Das gilt besonders für junge Menschen. Kommen Kinder und Jugendliche in die Nähe einer Feuerschale, ist sie schnell das Zentrum der Neugierde. Die „lass die Finger weg vom Feuer“ - Pädagogik hat zum Glück ausgedient. Heute gilt ein gesundes Mittelmaß als richtiger Umgang mit dem Feuer: „Mache Feuer – doch halte einige Regeln ein!“

Früh eingebunden lernen Kinder schnell den richtigen Umgang mit Feuer. Dabei solltest du sie jedoch nie allein lassen. Auch dann nicht, wenn sie schon mit Erwachsenen geübt haben.

Die einfachste Art, mit Kindern gemeinsam ein Feuer anzuzünden, stellt die Streichholzmethode dar. Es braucht Streichhölzer und eine Kerze. Nun zündest du mit dem Kind das Hölzchen an, mit Richtung vom Körper weg. Fängt das Streichholz Feuer, muss das Kind es zunächst senkrecht halten. Dadurch ist die Flamme kleiner und verbrennt das Streichholz nicht so schnell. Erst wenn ihr die Kerze anzündet (am besten auf einer feuerfesten Unterlage) wird das Streichholz gekippt und an den Docht gehalten. Stellst du fest, dass das Streichholz zu schnell abbrennt, dann bläst du lieber schnell die Flamme aus und ihr beginnt gemeinsam von vorn. Je nach Alter des Kindes, können die in vielen Supermärkten oder Baumärkten erhältlichen längeren Streichhölzer benutzt werden. So hat dein Kind länger Zeit, den Docht anzuzünden und es kommt keine Hektik auf.

Irgendwann müsst ihr ein Feuer auch mal löschen. Für dein Kind ist dieser Vorgang genauso wichtig wie das Anzünden. Beide Vorgänge bilden dir und deinem Kind den Rahmen der Sicherheit. Beim Löschen einer Kerze oder eines Streichholzes zeigst du deinem Kind am besten, wie du die Hand zu einer Muschel formst, welche die Flamme umgibt. Dazu wählst du einen derart großen Abstand, dass du dich nicht verbrennen kannst. Bei Kerzen verhinderst du so zusätzlich, dass ein unkontrollierter Luftzug heißes Wachs umher spritzen lässt. Verbrauchte Streichhölzer kannst du einfach in ein Wasserschälchen ablegen. Soll ein Feuer in der Feuerschale mit Wasser gelöscht werden, dann gießt du es einfach vom Rand der Feuerschale ein, so dass es in die Mitte fließt. Bei größeren Feuerschalen bietet sich die Verwendung eines Schlauches an. Zeige deinem Kind dabei, dass ein scheinbar gelöschtes Feuer immer noch glimmen kann. Es wird erstaunt sein, wie sich das Feuer doch wieder entfachen lässt.
Als weitere Sicherheitsmaßnahme solltest du immer einen Eimer Sand an der Feuersschale bereit halten. Lerne dieses praktische Löschmittel mit deinem Kind einfach mal am Rand einer Feuerschale kennen. So kann dein Kind das Feuer erleben und erkennen, wie es zu bezwingen ist. Ebenso gehört dazu, dem Kind einmal die Hitze des Feuers zu vermitteln. Dabei erahnt es dann auf ganz natürliche Weise die Gefahren des Feuers. An einer Feuerschale kannst du das Kind dazu die Hand in Richtung Feuerschale ausstrecken lassen. So spürt es, wie die Hitze und die Gefahr zunimmt. Beachte aber als Erwachsener, dass die Hitze schnell zunimmt und begrenze dein Kind, bevor es den Flammen und der Glut zu nahe kommt. Direkt über der Flamme entsteht immerhin eine Hitze von bis zu 750 Grad. Übrigens: Manche Hersteller bieten Feuerhandschuhe auch für Kinder an. Damit kannst du deine Kinder begeistern und sie zugleich besser schützen.
Du hast dich selbst verbrannt? Nutze die Chance und zeige die Folgen zu großer Hitze deinem Kind. Solch eine Brand-

blase ist ein sehr gutes, weil anschauliches Beispiel. Es zeigt deinem Kind, dass die Einhaltung der Regeln wichtig ist.
Achte darauf, dass du die Feuerutensilien kindersicher aufbewahrst. Und erläutere deinen Kindern auch warum. Ansonsten kann es passieren, dass sie das mit dir Erlernte einmal alleine ausprobieren wollen. Mit allen Gefahren, die sich daraus ergeben.
Eine Idee zum Abschluss dieses Exkurses: Bekannterweise lernen Kinder am besten spielerisch. Mach dir das zunutze. Du kannst zum Beispiel das Thema Feuerwehr in den Mittelpunkt stellen. Lass dein Kind als „Feuerwehrchef“ spielerisch die Verantwortung übernehmen. Es kann die „Rettung“ der Familie übernehmen und lernt so ganz nebenbei die „Brandschutzregeln“ (das Feuer nicht unbeaufsichtigt lassen, keine entflammbaren Gegenstände in der Nähe aufbewahren, keine heiße Asche in den Müll werfen, etc.). Und zu guter Letzt gehört natürlich auch der Ruf der Feuerwehr dazu. Spielerisch, versteht sich.

## Reinigung und Pflege

Die Reinigung und Pflege deiner Feuerschale kostet glücklicherweise nicht viel Zeit. Einige Dinge solltest du dennoch beachten: Entferne die erkaltete Asche regelmäßig und lasse sie nicht über längere Zeit darin. Und: Wenn du die Glut mit Wasser ablöschst, erhältst du eine wenig appetitliche Pampe. Soweit es dir möglich ist, könntest du die Glut mit Sand ablöschen. Etwas anderes gilt natürlich, wenn du mit deinen Kindern übst (siehe oben). In diesem Fall darf die Feuerschale auch einmal mit “Aschensuppe” volllaufen. Hier überwiegt der Spaß dann einfach die Anstrengungen beim Saubermachen.

Zur Reinigung deiner Feuerschale sind Ascheschaufel und Ascheeimer bewährte Arbeitshilfen. Hast du - wie Heinz - eine große Feuerschale, wirst du sie nicht mehr hochhe-

ben und auskippen können. Dann braucht es in jedem Fall eine Schaufel.
Auch nachdem die Asche aus der Schale entfernt ist, solltest du Wasser heraushalten. Stehendes Wasser in der Schale bildet Rost aus, der sie mit der Zeit regelrecht auffressen kann. Anders verhält es sich mit der natürlichen Rostpatina, die Feuerschalen aus Eisen und Gusseisen mit der Zeit umgibt. Wenn du diese Rostpatina nicht abkratzt, sondern sie belässt, erhöhst du die Langlebigkeit.

Hast du eine Feuerschale aus Edelstahl, dann gibt es etwas mehr zu tun. Jedenfalls dann, wenn du sie stets gepflegt aussehen lassen möchtest. Nutze Pflegetücher und passende Reiniger. Du findest Edelstahlpflegeprodukte von verschiedenen Herstellern. Damit kannst du die Innen- und Außenseite deiner Schale pflegen.

Wenn du die Schale nicht gerade in Benutzung hast, solltest du sie vor Regenwasser schützen. Sonst steht irgendwann das Wasser darin. Am sichersten gelingt dies, wenn du ein Gartenhaus, einen Keller oder einen ähnlich überdachten Raum hast, in den du die Schale stellen kannst. Hast du diese Möglichkeit nicht oder möchtest du die Feuerschale nicht ständig hin und her tragen, dann verwende einen Deckel. Es gibt für die verschiedenen Größen von Feuerschalen passende Deckel aus Stahl oder Edelstahl. Diese kannst du bequem auf die Umrandung der Feuerschale platzieren. Durch das Eigengewicht des Deckels hält er auch bei Wind auf der Schale und lässt das Regenwasser ablaufen. Achte allerdings darauf, dass der Deckel einen etwas größeren Durchmesser als die Schale hat, so dass die Ablaufkante über den Rand der Schale reicht. Statt eines Deckels kannst du auch eine Abdeckhaube verwenden. Diese wird über die Feuerschale gestülpt. Die Abdeckhaube sollte in der Mitte erhöht sein, damit das Wasser nach außen hin ablaufen kann.

# Kochen mit Rezepten

Das Thema Kochen mit Rezepten ist uns ein eigenes Kapitel wert. Hier soll es vor allem darum gehen, Missverständnisse von vornherein zu vermeiden und einen gemeinsamen Blick auf Möglichkeiten - aber auch Grenzen des Kochens an der Feuerschale zu gewinnen.
Worum geht es genau? Immer wieder hört und liest man von Einsteigern, dass sie sich penibel an ein Rezept gehalten haben und das Gericht dennoch anbrannte. Es werden auch immer wieder Fragen an uns herangetragen, warum in vielen Rezepten keine Temperaturangaben oder genaueren Zeitangaben zu finden sind.

Unserer Erfahrung nach funktioniert das Kochen an der Feuerschale so nicht. Auf die Temperatur können verschiedene Dinge Einfluss haben. Der Abstand und die Anordnung der Glut, die Qualität des Holzes, der Trocknungsgrad, die Witterungsverhältnisse (Wind, Kälte, etc.). Es ist schlicht nicht verlässlich möglich, auf eben jene exakt gewünschten 185 oder 210 Grad zu kommen. Jedenfalls nicht ohne den Einsatz eines Thermometers. Und selbst damit kann es schwierig werden, wenn man den Anspruch hat, über einen längeren Zeitraum eine exakte Temperatur zu halten.

Deshalb verzichten wir in unseren Rezepten ganz bewusst auf konkretere Angaben zu den erforderlichen Temperaturen. Wir sind überzeugt davon, dass wir ansonsten Erwartungen hervorrufen würden, die aus unserer Sicht nicht zu erfüllen sind. Mit falschen Versprechungen und einer scheinbaren Sicherheit ist niemandem geholfen.
Wir selbst kochen nun seit vielen Jahren an der Feuerschale und haben dort hunderte Rezepte ausprobiert. Fast alle davon sind geglückt, bei kaum einem haben wir uns vertiefende Gedanken über die exakte Temperatur machen müssen. Wir können nur dafür werben: Traue dich, sammele Erfahrungen!

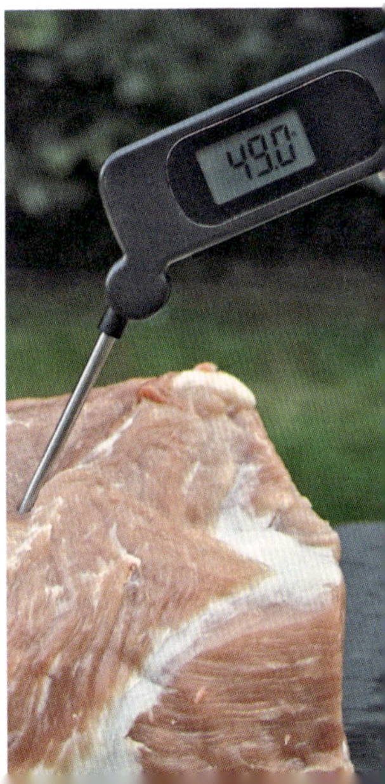

Ähnliches gilt übrigens auch für die Garzeiten. Hier werden wir in unseren Rezepten zwar etwas konkreter, die Zeitspannen sind manches Mal dennoch recht großzügig gehalten. Es ist eine logische Folge, dass ein Rezept nicht minutengenau beschrieben werden kann, wenn schon die Temperatur kaum verlässlich ist. Kochen an der Feuerschale kann dazu führen, dass ein Gericht einmal 15 Minuten braucht, beim nächsten Angang jedoch 25. Hier kommen einfach zu viele Einflussfaktoren zusammen, als dass sich das Kochen mit dem in einer modernen Küche vergleichen ließe. Und noch einmal gilt: Habe keine Angst davor! Gehe mutig voran. Es gibt keinen Grund zum Zögern!

Was du beim Kochen an der Feuerschale mitbringen solltest, sind ganz grundlegende Kenntnisse: Wie schwitzt man Zwiebeln an? Woran erkennt man, ob ein Stück Fleisch gar ist? Wann ist Gemüse bissfest? Solche und ähnliche Fragen wirst du dir jedoch auch beim Kochen in einer Küche stellen müssen. Und auch dort helfen sie, den richtigen Zeitpunkt zu erkennen, um ggf. die Temperatur etwas zu erhöhen oder zu senken.

## Warum Improvisation dazu gehört

Improvisation am Feuer ist der Schlüssel zum Erfolg.

BBQ macht Spaß und geht meist schnell, ob klassisch am Holzkohlegrill, mit dem Dutch Oven oder an der Feuerschale. Und das zu allen Jahreszeiten. Statistisch gesehen grillen 30% aller Deutschen im Sommer mindestens einmal pro Woche. Aber auch der ganzjährige Genuss von rauchig zubereitetem Fleisch und Fisch oder weiteren kreativen Gerichten mit Smoke-Aroma steht mittlerweile hoch im Kurs.
Im Sommer findest du natürlich eine breitere Auswahl an Grillgut. In den anderen Jahreszeiten fällt diese spärlicher aus. Doch das sollte dich nicht abschrecken – Spontanität ist hier gefragt. Kochen am offenen Feuer ist prädestiniert

für improvisierte Einsätze. Wenn du das beherrschst, dann macht es dir auch nichts aus, wenn sich die geplante Gästezahl kurzfristig erweitert.
Generell solltest du beim Kochen Mut zur Improvisation haben. So schulst du ganz nebenbei deine Geschmacksnerven. Und du kreierst neue Gerichte. Sei nicht überrascht, wenn dabei sogar bessere Gerichte als gedacht entstehen. Du wirst als Grillmeister stolz sein, wenn du auf deine Eigenkreationen angesprochen wirst und dafür Lob von deinen Gästen erhältst.
Unserer Erfahrung nach sind die meisten improvisierten Erfolgsrezepte aus einer Notsituation heraus entstanden. Mal haben Zutaten gefehlt oder der Hunger der Gäste war größer als erwartet. Es sind die kleinen Kniffe, die du im Kopf behalten kannst. Sie helfen dir schnell und garantieren einen erfolgreichen Grillabend mit Freunden.

Hier beispielhaft ein paar Kniffe:

## Grillanzünder aus Eierkarton

Kannst du kurzfristig keine Grillanzünder bekommen, so muss die Party nicht ausfallen. Du kannst das Feuer ganz einfach mit einer alten Eierverpackung aus Karton anzünden.

## Pragmatische Biermarinade

Du kannst keine marinierten Steaks mehr erhalten oder aber deine Zutaten für eine hausgemachte Marinade sind zu knapp? Fleisch bekommst du schmackhaft und zart, wenn du es ca. 4 Stunden in Bier einlegst. Aufpeppen kannst du das Ganze dann noch mit scharfem Senf oder Zwiebeln. Das Bier bekommst du zur Not an jeder Tankstelle, falls es richtig schnell gehen muss.

## Gegrilltes Dessert anbieten

Trotz aller Spontanität musst du bei einer Grillparty nicht auf ein Dessert verzichten. Ein einfaches Rezept geht immer: „Banane vom Grill". Du schneidest sie in kleine Stückchen und verfeinerst sie mit Honig. Serviert mit Schokoladensauce oder Schlagsahne, kannst du auch eine größere Mannschaft mit einem kleinen, kreativen und gar nicht so offensichtlich improvisierten Nachtisch versorgen. Weitere beliebte Früchte, die sich zum Grillen eignen sind übrigens Ananas, Pfirsich und Wassermelone.

### Abschmecken mit gegrillter Zitrone

Ein leerer Gewürzschrank muss für dich nicht bedeuten, dass dein Grillfleisch oder Fisch pur gegessen werden muss. Ein einfacher Trick hilft dir auch hier. Mit einer angerösteten Zitrone kannst du sehr gut verfeinern. Dazu legst du einfach Zitronenspalten auf das Grillrost der Feuerschale und röstest sie bei niedriger Hitze an. Danach kannst du sie über das Fleisch oder den Fisch pressen.

### Gewürze geschickt kombinieren

Improvisation muss nicht in Überwürzung enden. Würze simpel mit Knoblauch und Paprikapulver. Das kannst du bei allen Speisen kombinieren, ob an Fleisch, Geflügel, Wild, Fisch, Soßen oder Gemüse. Mit Curry verleihst du allen Fleischsorten (bis auf Wild) und Gemüse eine exotische Note. Und mit Kümmel kannst du alle Gerichte (bis auf Fisch) auf natürliche Weise bekömmlicher und interessanter gestalten. Durch geschicktes Würzen ersetzt du sogar so manche Grillsauce und so manchen Dip.

Diese Tipps zeigen es: Ein erfolgreicher Grillabend braucht nicht unbedingt lange Vorlaufzeiten. Mit etwas Improvisationsgeschick kannst du auch spontane Feste zu einem vollen Erfolg werden lassen. Das offene Feuer an der Schale lädt zudem zum Verweilen ein. Und beim gemeinsamen Zubereiten der Speisen sorgst du ganz nebenbei für genug Entertainment. Du wirst sehen, dass sich deine Grillgäste kreativ mit einbringen werden.

## 10 Tipps zum Umgang mit der Feuerschale

1. Stelle deine Feuerschale immer auf einen festen und feuerfesten Untergrund. Möchtest du sie auf den Rasen stellen: Verwende eine Schicht Sand im Boden der Feuerschale. Sie blockt die Hitze nach unten und schont den Rasen. Tiefe Feuerschalen kann man mit Sand auch noch in der Höhe ausgleichen.
2. Verwende nicht zu viel Holz.
   Nachlegen kannst du immer.
3. Verbrenne immer nur trockenes Holz. Nasses Holz erzeugt viel Rauch. Daran wirst du keinen Spaß haben und deine Nachbarn erst recht nicht.
4. Teile deine Feuerschale in zwei Funktionsräume
   a.) eine Seite zum Kochen für die Glut (Koche und brate nur über der Glut nicht über den Flammen des Feuers. Das ist gesünder.)
   b.) eine Seite für das Feuer zur Herstellung weiterer Glut
5. Verwende Feuerhandschuhe. Nur so bist du stetig in der Lage, sicher zu handeln.
6. Achte immer auf anwesende Kinder. Nichts ist trauriger, als der Anblick eines leidendenden Kindes.
7. Den vollen Spaß an der Feuerschale entwickelst du mit einem Dreibein. Dieses Zubehör solltest du nebst Grillrost unbedingt dazu kaufen!
8. Regnet es? Decke deine Feuerschale ab.
   Das erspart dir Arbeit in Sachen Pflege.
9. Besorge dir unbedingt eine Feuerschale mit Henkeln/Griffen. Wie oft haben wir schon unsere Feuerschale doch noch mal umgestellt, wenn das Feuer schon an war. Mit Henkeln ist das auch für dich kein Problem.
10. Deine Feuerschale sollte mindestens 40 cm Höhe aufweisen. Ein hoher Rand beherbergt dein Feuer besser. Auch das Anzünden geht dir dann leichter von der Hand. Dazu stapelst du das Holz typischerweise im "Zeltaufbau".

# Dein schönes Feuer hat immer Saison

Eine Feuerschale ist nicht nur ein dekoratives Element um deinen Garten zu verschönern oder ein praktisches Utensil für Grillpartys. Sie bietet dir auch eine soziale Komponente. Wenn du dich mit der Familie oder Freunden um ein Feuer herum versammelst, dann entsteht dabei auch immer ein Gefühl der Zusammengehörigkeit und der Gemeinschaft. Die schöne Atmosphäre und die Faszination eines offenen Feuers wärmt nicht nur deinen Körper, sondern auch dein Herz.

Doch welche Jahreszeit ist für den Einsatz der Feuerschale die beste? Das Frühjahr, wenn sich die Natur von den Strapazen des Winters erholt und die Abende länger werden? Der Sommer, wenn wir unser Wohnzimmer am liebsten in den Garten oder auf die Terrasse verlegen, um jeden einzelnen Sonnenstrahl zu genießen? Der Herbst, der unsere Umgebung von ganz allein in ein Meer aus fantasievoll leuchtenden Farben taucht? Oder etwa der Winter, wenn wir uns in eine warme Decke gekuschelt dem Knistern der Flammen hingeben, unsere Gedanken schweifen lassen und von der Weihnachtszeit oder dem nächsten Sommer träumen?

Wir sagen: Jede dieser Jahreszeiten ist bestens geeignet, denn ein schönes Feuer hat immer Saison!

## Frühling - dein Start in die Saison

Im Frühling erwacht nicht nur die Natur, auch unsere Lebensgeister regen sich. Sobald das Thermometer klettert und die Tage länger werden, entstauben wir den Grill und besorgen uns einen neuen Vorrat an Holzkohle. Wir holen die Gartenmöbel aus dem Keller und säubern sie, sodass wir jede freie Minute im Garten oder auf der Terrasse verbringen können. Manchmal ist es jedoch noch zu kühl, um draußen zu sitzen. Dann schaffen eine wärmende Decke und eine Feuerschale Abhilfe. Das offene Feuer wärmt uns

einerseits, vermittelt andererseits ein heimeliges Gefühl. Es lässt uns die Vorfreude auf die bevorstehenden sommerlichen Freuden spüren.
Sofern du dich beim Kauf für eine Schale aus Stahl oder Eisen entschieden hast, kannst du den Grillrost auflegen und bereits jetzt die ersten Grillversuche des Jahres starten. Mach den Frühling zu deinem Vorgeschmack auf eine lange und abwechslungsreiche Grillsaison.
Der Frühling verlangt nach frischen und leichten Zutaten. Was liegt näher, als auf Saisongemüse der Region zuzugreifen. Hast du schon einmal Spargel am offenen Feuer zubereitet? Du kannst ihn mit Öl bestreichen und in einer Aluschale garen und anschließend mit Parmesan und schwarzem Pfeffer bestreuen. Oder zusammen mit Kräutern und Butter im Alupäckchen garen. So oder so ein Gaumenschmaus. Dazu passt am besten leichtes Fleisch wie Hähnchen oder Pute und gegrilltes Bruscetta mit einer Paste aus Erdbeeren, Basilikum und Chilis. Deine Freunde werden begeistert sein. Überhaupt sind Erdbeeren die ultimative Frucht des Frühlings. Unerreicht lecker als Dessert sind Erdbeer-Bananen-Spieße. In der Folie gegrillt und mit Vanille-Eis serviert. Experimentiere doch einfach mit verschiedenen Früchten. Wie wäre es mit einem Käse-Obst-Spieß, für den du Halloumi (halbfester Käse aus Milch) abwechselnd mit Erdbeeren, Zwiebeln, Melone und Paprika aufspießt?

## Sommer - es ist doch schon heiß

In den Sommermonaten verlegen wir unser Wohnzimmer oft nach draußen. Essen, spielen, unterhalten uns unter freiem Himmel und gehen unseren Hobbys nach. Die Tage sind lang, die Abende lauschig und wir verschwenden keinen Gedanken an die trüben Tage des Novembers. Ein wärmendes Feuer ist nicht mehr notwendig. Die Lagerfeuerromantik aber, die uns eine Feuerschale bietet, ist durch nichts zu übertreffen. Nur die Müdigkeit oder der Gedanke an den frühen Arbeitsbeginn können uns dann noch ins Haus zwingen.

Am Wochenende laden wir Freunde zu einem leckeren BBQ ein und lassen es uns nicht nehmen, auf der zum Grill umfunktionierten Feuerschale klassische, ungewöhnliche oder auch vegetarische Grillspezialitäten zuzubereiten. Ein Schwenkgrill leistet hierbei sehr gute Dienste. Im Sommer vermeidet man besser schwere Dips und Grillsoßen, die auf Basis von Sahne oder Mayonaise hergestellt sind und widmet sich den fruchtigen leichten Varianten. Probiere doch einmal folgende Sommervariante einer Grillsauce aus Joghurt, Worcestersauce, viel Curry und kleingeschnittene Früchte wie Trauben, Bananen, Äpfel oder Aprikosen, die sehr gut zu hellem Fleisch und zu leichten Gemüsespießen passt. Als Getränk servierst du deinen Gästen selbst zubereiteten Eistee, bei dem du Kräutertee mit einem Extrazweig Minze gut kühlst und dann mit einigen Eiswürfeln darin servierst. Ganz besonders reizvoll sind Eiswürfel, für die vor dem Gefrieren jeweils ein Blatt Pfefferminze, eine Kirsche oder andere Fruchtstückchen in die Eisschalen gegeben werden.

## Herbst - Erntezeit

Der Herbst hat seinen ganz besonderen Reiz. Die Natur bereitet sich langsam auf den Winterschlaf vor und wechselt ihr Kleid. Was sich vorher in vielfältigen Grüntönen zeigte, leuchtet nun in Farbvarianten, die von gelb, orange und ocker bis hin zu allen möglichen Rottönen reichen. Der Morgen überrascht uns oft mit glitzernden Spinnenfäden, die sich im Sonnenlicht durch den morgendlichen Tau in geheimnisvolle Gebilde verwandeln. Wir erfreuen uns an diesem Nuancenreichtum und an der strahlenden Schönheit eines Altweibersommers.

Obwohl die Temperaturen im Herbst die 20-Grad-Marke oft nicht mehr überschreiten, kannst du dich noch nicht überwinden, ganz und gar auf fröhliche Grillnachmittage oder gemütliche Abende auf der Terrasse zu verzichten. Also nutzt du jeden sonnigen Nachmittag, holst für den Abend die Decken wieder hervor und befeuerst die Feu-

Fotolia

erschale. Was liegt im Herbst näher, als die Spezialitäten, die er hervorbringt, auch zum Grillen zu nutzen. Du wirst überrascht sein, wie variantenreich der Herbst ist. Jetzt kannst du die Kürbis- und Pilzzeit geschmacklich voll auskosten. Hast du schon einmal einen gefüllten Kürbis zubereitet oder gegrillte Kürbisspalten mit Thymian, gefüllte Steinpilze oder gegrillte Pfifferlinge ausprobiert? Sowohl als Beilage als auch für vegetarisches Grillen ein Hochgenuss. Für die Liebhaber des Fleischgrillens ist der Herbst die beste Zeit für frische Wildspezialitäten. Richtig vorbereitet lassen sich ein Hirschrückenspieß oder ein Wildschweinsteak auf dem Grill ebenso schnell zubereiten, wie jedes andere Grillgut. Komplettiert wird dies mit selbstgemachtem süß-scharfen Pflaumen-Chutney oder einer fruchtigen Preiselbeermarmelade. Als Dessert kommen in der Folie gegrillte Orangen mit Nelken und Zimt bei Groß und Klein gut an.
Erinnerst du dich noch an die Zeit der Kartoffelernte, als die Kinder Drachen steigen ließen und auf dem Feld halfen, die letzten Kartoffeln aufzusammeln? Als das Kartoffellaub nach der Ernte abgebrannt und übriggebliebene Kartoffeln darin geröstet wurden? Um diese Kindheitserinnerungen wieder aufleben zu lassen, bietet sich die Glut in der Feuerschale an.

## Winter - Gemütlichkeit

Wenn sich das Jahr zu Ende neigt, die Tage immer kürzer werden und die Natur sich schlafen legt, steht auch den Menschen der Sinn nach Ruhe und Beschaulichkeit. Gern sitzen wir mit einer Tasse Tee oder einem Glas Rotwein vor dem prasselnden Feuer im Kamin, wärmen uns Hände und Füße und denken zurück an den vergangenen Sommer. Was aber machst du, wenn du keinen Kamin besitzt? Genau: Dann wickelst du dich in warme Decken ein oder stellst deine Feuerschale so dicht, wie die Feuerschutzbestimmungen es erlauben, vor dein Fenster oder die Terrassentür, zündest ein Feuer an und genießt das

“Kamin-Feeling”. Um darüber hinaus eine ganz besondere Stimmung aufkommen zu lassen, kannst du Kräuter wie Salbei, Rosmarin oder Orangenschale mit 1 - 2 Nelken ins Feuer geben. Von innen wärmt dich dann ein Glühwein mit oder ohne Schuss.

Allerdings stellen auch Minusgrade im Winter für echte Grillfans kein Hindernis, sondern eine besondere Herausforderung dar. Wenn du einige Regeln beherzigst, dann wird auch das Wintergrillen zum richtigen Spaß.

Zum Grillen solltest du dir Gerichte mit einer kurzen Garzeit aussuchen, um nicht zu lange draußen in der Kälte verbringen zu müssen. Außerdem sollten die Fleischstücke nicht zu groß sein, weil die Garzeiten bei niedrigen Temperaturen länger sind, als bei höheren. Würstchen, Filets, kleine Steaks, Schafskäse oder Frikadellen sind schnell fertig. Perfekt geeignet sind auch Saté-Spieße, dünne lange Streifen aus Hühnerbrustfilet mit asiatischen Gewürzen mariniert und mit Erdnusssoße serviert. Vielleicht steigen dabei sogar Erinnerungen an den letzten Asien-Urlaub auf. Um zu vermeiden, dass das Grillgut zu schnell kalt wird, solltest du es zwischendurch in Styropor- oder Thermoboxen warmhalten.

Die Auswahl der Kleidung spielt eine große Rolle, damit deine Gäste mit Mütze, Schal und Winterjacke gut geschützt sind. Darüber hinaus kannst du im Vorwege Wolldecken bereit legen und Heizstrahler aufstellen, die man in vielen Baumärkten gegen Gebühr ausleihen kann. Alternativ ist es jedoch möglich, draußen auf der Terrasse zu grillen und dann zum Essen in die wärmeren Innenräume zu begeben. Für die Beilagen sollten auch eher warme Speisen bevorzugt werden. Grillkartoffel, ein warmer Kartoffelsalat oder Stockbrot, das auf Spießen direkt über dem Feuer gegart wird.

Zum Trinken solltest du im Gegensatz zu den sonst üblichen kalten Getränken wie Bier oder Wein leckere warme Alternativen wählen. Glühwein, Tee und selbstgemischte Punschgetränke wärmen deine Gäste auch von innen. Für einen leckeren Fruchtpunsch, der auch für Kinder geeignet ist, mischst du verschiedene Säfte und nach Geschmack Kräutertee miteinander, fügst Nelken, eine Zimtstange sowie Orangenscheiben hinzu und erwärmst das Ganze.

## Ein Glühwein- Rezept:

Schwierigkeitsgrad:
einfach
Benötigt wird außerdem:
Ein Feuerkessel mit Dreibein.

## Zutaten

- 2 Liter Rotwein, trocken
- 250 ml Rum
- 3 Orangen
- 1 Zitrone
- 5 Nelken
- 2 Stangen Zimt
- 1 Sternanis
- 250 g brauner Zucker
- 1 Vanilleschote

## Zubereitung im Feuerkessel

Orangen und Zitronen in Scheiben schneiden, die Vanilleschote halbieren und das Mark entnehmen und mit den restlichen Zutaten in den DO geben. Alles bei niedriger Temperatur erhitzen, nicht kochen lassen! Das ganze dann ca. 1 Stunde ziehen lassen. Anschließend die Gewürze und Früchte entfernen und den fertigen Glühwein in (am besten bereits vorgewärmten) Bechern servieren!

## Für Kinder: Der Pfadfinder-Punsch

Schwierigkeitsgrad:
leicht
Benötigt wird außerdem:
Ein Feuerkessel mit Dreibein.

Grundzutaten

- 1,5 l schwarzer Tee
- 0,5 l Traubensaft
- 0,5 l Orangensaft
- n.B.: Zucker, Nüsse, Rosinen, Orangen, Äpfel, Zimtstangen, Nelken.

## Zubereitung im Feuerkessel

Dies ist eine Art Punsch, in dem sich typischerweise Rotwein bzw. Fruchtsaft sowie gekochter Tee wiederfindet. Angereichert werden diese Grundzutaten beispielsweise mit Honig, Nüssen, Zimt, Nelken, Zucker, verschiedenen Früchten sowie Alkoholika. Pfadfinder verknüpfen ihren Tschai mit Ritualen. Dies beginnt schon bei der besonderen Geheimhaltung der jeweiligen Rezeptur und setzt sich in Trinkritualen und -sprüchen fort. Diese Bräuche passen perfekt zur Feuerschale.
Die Zubereitung ist simpel: Soweit man Früchte verwendet (Orangen, Äpfel, etc.) werden diese in Scheiben geschnitten. Im Übrigen alles zusammen in einen großen Topf füllen und erhitzen. Nach etwa 30 Miunten köcheln ist der Tschai trinkbereit. Wenn du dir das Würzen nicht zutraust, kannst du natürlich statt der Zimtstangen, Nelken und sonstiger Gewürze auch Glühfix kaufen. Das ist eine Fertigmischung für Glühweine, es passt hier gleichermaßen gut dazu.

Sind keine Kinder dabei, kann noch ein Schuss Rum dazukommen. In diesem Fall kannst du statt der beiden Säfte auch Rotwein verwenden.
Ein ganz besonderes Highlight bietet die etwas andere Silvesterparty: Grillen an Silvester! Während drinnen überall in den Räumen getanzt und gefeiert wird, versammeln sich die Hardcore-Grillfans warm eingepackt draußen um die Feuerschale. Zusätzlich gewärmt durch Terrassenstrahler und warmem Gewürzpunsch, lassen sich ihre Grillspezialitäten schmecken und genießen derweil das imposante

Silvesterfeuerwerk. Als überraschender Höhepunkt bietet sich eine Feuerzangenbowle an: Der Zuckerkegel mit Rum übergossen und angezündet, bietet einen spektakulären Showeffekt und wird deine Gäste begeistern.

### Spaß haben mit der Feuerschale

Wenn du das Jahr überschaust, stellst du fest, dass alles möglich ist. Wer kennt nicht noch die gemeinsamen Abende am Feuer, wo Gitarre gespielt und gesungen wurde. Entweder gut geplant oder spontan, mit Freunden, größeren Gruppen oder allein - die Feuerschale ist vielseitig einsetzbar und bietet dir unvergleichlichen Spaß. Für die Feuerschale gibt es keinen Anfang oder ein Ende; sie hat immer Saison.

## Bräuche

Du suchst einen Anlass, um das Feuer in deiner Feuerschale mal wieder zu entzünden? Nun, davon gibt es genug. Schon immer haben wir Menschen die Sehnsucht nach Licht und Wärme in uns getragen. Die bekanntesten Anlässe im Zusammenhang mit einem Feuer beschreiben wir dir im Folgenden:

### Aschermittwoch

Oder "Asche auf mein Haupt". Feuer spielt im Zusammenhang mit dem Aschermittwoch eine zentrale Rolle. Die Flammen haben eine reinigende und transformierende Wirkung. Sie wirken einerseits beruhigend, wecken andererseits die Lebensgeister und das innere Feuer.
Die Redewendung „Asche auf mein Haupt“ stammt aus der Bibel: Wer Buße tun wollte, zog sich ein Büßergewand an und streute sich Asche auf den Kopf. Auch heute ist es in Kirchengemeinden übliche Praxis, die Palmzweige des letzten Jahres zu verbrennen, die Asche fein zu sieben, im Gottesdienst zu segnen und in Form eines Kreuzes auf die Stirn der Gläubigen aufzutragen.

Um den Aschermittwoch ranken sich darüber hinaus vielfältige weltliche Bräuche. In manchen Gegenden werden am darauffolgenden ‚Hutzelsonntag' die Hutzelfeuer entzündet, ein Brauch, mit dem man in Zeiten weit vor der Christianisierung den Winter vertrieb und den kommenden Frühling „einlud". In anderen Gegenden ist es üblich, eine sogenannte Schandele-Puppe als Symbol für den verhassten Winter zu verbrennen. Dafür kannst du dir aus Stroh eine kleine Strohpuppe basteln und diese mit magischen Ritualen dem Feuer übergeben.
Gängige Praxis ist es auch, nach dem übermütigen Treiben während der vorhergehenden Wochen (aber insbesondere der letzten drei Tage!) den Fasching und damit den Winter auf fröhliche Art zu verscheuchen. In einer Feuerschale werden alle Luftschlangen und Deko-Artikel verbrannt. Übrig bleibt ein kleines Häufchen Asche – als Zeichen der Vergänglichkeit. Wenn du diese jedoch mit Blumenerde vermischt und einige Blumenzwiebeln darin einpflanzt, ist der Weg frei für den Frühling!
Der Aschermittwoch ist der Beginn der 40-tägigen Fasten- oder auch Passionszeit, die am Ostersamstag endet. Während dieser Zeit war früher nur eine Mahlzeit täglich erlaubt. Heute wird das Fasten auf andere Aspekte des täglichen Lebens, wie den Verzicht auf Alkohol, Fernsehen, Süßigkeiten oder Ähnliches, ausgeweitet.
Wäre es nicht eine schöne Idee, am nächsten Aschermittwoch mit Freunden an deiner Feuerschale eines dieser Rituale auszuprobieren, während ihr euch am Feuer wärmt, mit heißem Glühwein oder Punsch gegen die Kälte vorgeht und euch auf den bevorstehenden Frühling freut?

## Neujahrsfeuer

Der Brauch des Neujahrsfeuers ist durch die immer spektakulärer gestalteten Silvesterfeuerwerke zwar weitgehend in den Hintergrund getreten, doch werden in vielen, meist ländlichen Gegenden, immer noch Neujahrsfeuer entzündet oder Fackelwanderungen veranstaltet. In man-

chen Gegenden werden die ausgedienten Weihnachtsbäume eingesammelt, die dann den Holzstapel bilden. In anderen Gegenden überbieten sich die Ortschaften darin, wer das größere Feuer entfacht.
Mit dem Feuer begrüßen wir das neue Jahr, denn es ist - wie bei allen Gelegenheiten, an denen Feuerbräuche zum Einsatz kommen - ein Mittel zur Transformation, zur Umwandlung und zur Besinnung. Nicht zwingend muss das Neujahrsfeuer am Neujahrstag brennen. Egal, ob am 1. Januar, am 6. Januar, dem Dreikönigstag oder an vollkommen unterschiedlichen Daten in anderen Kulturkreisen. Immer ist der Neujahrstag etwas ganz Besonderes, ein Symbol für das Ende eines alten und den Beginn eines neuen Zeitabschnittes, eine Zeit für gute Vorsätze oder das Ablegen alter Gewohnheiten.
Weil viele Menschen daran glauben, dass "das kommende Jahr so sein wird, wie es begonnen hat", haben sich verschiedene Traditionen entwickelt: Durch lautes Getöse in der Silvesternacht vertreibt man böse Mächte und sorgt so für einen sorgenfreien Start in ein glückliches neues Jahr. Man schenkt sich am Neujahrstag Glück verheißende Symbole, wie Schornsteinfeger, Glücksschwein oder vierblättrige Kleeblätter. Man isst bestimmte Gerichte oder folgt alten Ritualen. Das Essen von Schweinefleisch bedeutet Glück, Sauerkraut, Linsen- sowie Erbsensuppe helfen dabei, dass das Geld nicht ausgeht.
In der Antike wurde das neue Jahr mit Ess- und Trinkgelagen, ausschweifenden Festen sowie Tanz- und Opferdarbietungen begrüßt. Die Kirche versuchte lange, diesen Brauch zu unterbinden. Damit blieb sie aber erfolglos. Heutzutage wird in unseren Breitengraden meist an Silvester ordentlich gefeiert. Der Neujahrstag bietet sich an, um den Silvesterkater zu pflegen oder in besinnlichen Stunden mit Freunden oder der Familie zu spekulieren, was das neue Jahr wohl bringen mag. Orakelspiele wie das Bleigießen oder das Spiel der Wandlung sind bestens dafür geeignet.

Ein großes Neujahrsfeuer in deinem Garten würde wahrscheinlich die Feuerwehr herbeirufen. Aber ein kleines Feuer tut es auch. Wie wäre es, wenn du am 1. Januar statt der üblichen "Katerpflege" mal einen Neujahrsbrunch veranstaltest, wobei deine Feuerschale den Mittelpunkt des Neujahrsfeuers bildet? Wenn jeder deiner Gäste etwas mitbringt, ist das sogar nach einer Silvesterparty kein großer Aufwand. Schmücke alles mit Glückssymbolen, besorge Töpfchen mit Glücks-Kleeblättern zum verschenken und die Utensilien für das Bleigießen. Es bereitet uns immer wieder einen großen Spaß, aus den entstandenen Figuren die Symbolik herauszufinden, für das was das nächste Jahr uns bringen mag. Wärmt euch innerlich an leckerem Glühwein oder Teepunsch und genießt die mitgebrachten Grill-Leckereien wie Schweinesteaks oder -spießchen. Vielleicht bringt ja auch einer deiner Gäste eine Erbsen- oder Linsensuppe mit. Zum Abschluss schreibt ihr alle eure Wünsche für das neue Jahr auf bunte Zettel. Übergebt sie anschließend dem Feuer, damit sie mit dem Rauch ins Universum schweben und dort für ihre Erfüllung gesorgt wird.
In diesem Sinne wünschen wir zu gegebener Zeit ein fröhliches Neujahrsfeuer!

## Funkenfeuer oder Funkensonntag

Der Funkensonntag ist der Sonntag nach Aschermittwoch, der erste von sechs Fastensonntagen der katholischen Kirche. Vorwiegend wird dieser Brauch im schwäbisch-alemannischen Raum aber auch in Oberitalien gepflegt. In Österreich wurde er 2010 zum immateriellen Kulturerbe erklärt. In Hessen und Thüringen nennt man ihn Hutzelsonntag und spricht vom Hutzelfeuer. Der erste schriftliche Bericht über diesen Feuerbrauch stammt aus dem Jahr 1090 n. Chr. Doch liegt der eigentliche Ursprung dieses wahrscheinlich heidnisch-germanischen Brauchtums im Dunkeln. Man geht davon aus, dass die Menschen jener Zeit dem Sonnengott zum Dank dafür, dass er den Sohn des Nordens, den Winter, besiegt hat, Opfer brachten,

Feuer anzündeten und festliche Tänze veranstalten.
Am Funkensonntag werden die sogenannten Funken abgebrannt, meist Strohhaufen oder ein aufgeschichteter runder oder eckiger Holzturm. Das unterscheidet sich je nach Gegend. Die Bevölkerung sammelt dafür Brennmaterial und in Vorarlberg wird am Faschingsdienstag die Funkentanne geschlagen. Auch alte Christbäume, Paletten oder anderes Abfallholz finden dafür Verwendung. Im Inneren befindet sich meist ein entasteter Baum, an deren oberem Ende eine Hexenpuppe aus Stroh angebracht ist. Dies hat jedoch nichts mit den mittelalterlichen Hexenverbrennungen zu tun, sondern wird erst seit dem 19. Jh. durchgeführt.
In manchen Gegenden wird der Funken von der dortigen Narrenzunft gebaut, andernorts wurde extra dafür eine Funkenzunft gegründet. Am Samstag beginnt man mit dem Bau des manchmal meterhohen Funkens und eine Funkenwache passt auf, dass er nicht vor der Zeit durch das Nachbardorf entzündet wird. Nach einer festlichen Ansprache wird er nach Einbruch der Dämmerung entzündet.
Aufgrund der Größe und Bauart des Funkens- oder Hutzelfeuers ist dieser Brauch eher nicht für die Durchführung im eigenen Garten geeignet. Aber was spricht dagegen, einen ganz kleinen Funken in deiner Feuerschale aufzutürmen und bei Grog und Fruchtpunsch die Sterne zu beobachten? Denn eine Bauernregel sagt: „Sieht man am Funkensonntag viele Sterne, dann gibt es in diesem Jahr viele Kirschen." Wir prüfen das. Du auch?

## Osterfeuer

Die Tradition der Osterfeuer findet sich bereits im Altertum in vorchristlichen Bräuchen, mit denen im Frühling die Rückkehr der Sonne gefeiert wurde. Später wurde daraus ein kirchliches Symbol für Jesus Christus, den Lichtbringer. In der Osternacht versammelte sich die Gemeinde um ein Feuer, an dem der Priester die Osterkerze entzündete, die anschließend in die dunkle Kirche getragen wur-

de, um diese zu erleuchten. Im weltlichen Brauchtum ist zuerst im 8. Jahrhundert belegt, dass am Karsamstag, am Ostersonntag oder auch erst am Ostermontag die schon lange vorher aufgehäuften Holzstöße entzündet werden. Diese stehen auf Anhöhen oder Feldern und sind so hoch aufgestapelt, dass sie kilometerweit zu sehen sind. Zum Osterfeuer tragen alle Bewohner eines Dorfes Holz oder andere Brennstoffe bei, welches von der Dorfjugend eingesammelt wird. In manchen Gegenden rollt man brennende Räder zu Tal oder leuchtende Scheiben über die Felder. Alles, was von diesem Lichtschein erreicht wird, bringt dem Land Fruchtbarkeit und Glück.

In früheren Zeiten löschten die Menschen im Haus das Feuer im Herd, bevor sie zum Osterberg gingen, um dort das neue Feuer mit dem altertümlichen "Feuerzeug" - Stein und Stahl - in Brand zu setzen. Einzig - das auf diese Art entfachte - ist ein heiliges Feuer. Mit brennenden Fackeln, die man am Osterfeuer angezündet hatte, entfachten sie anschließend zu Hause das Herdfeuer neu.

Der Karsamstag ist auch ein beliebter Tag, um in geselliger Runde bei Bier oder Punsch zu grillen. Gern wird dies in einigen Gegenden mit Wetten verbunden, wann genau das

Feuer abgebrannt sein wird oder wie lange ein im Holzstoß aufgestellter Baumstamm dem Feuer standhält, bevor er umknickt. Die bei diesen Wetten eingesetzten Gelder spendet man meist für gemeinnützige oder öffentliche Zwecke.
Wie wäre es, diesen Brauch in der Osternacht an deiner heimischen Feuerschale neu zu beleben? Treffe dich mit Freunden oder sei mit deiner Familie zusammen, schichtet zusammen einen kleinen Holzstapel in der Feuerschale auf und steckt einen dicken Zweig in die Mitte. Denkt euch vorher aus, wofür ihr die Wettgelder spenden werdet und wettet - wie einst die Dorfbewohner - wie lange er stehen bleibt. Anschließend genießt den Rest des Abends mit fröhlichem Grillen und Glühwein trinken.

## Walpurgisnacht (Tag vor dem ersten Mai)

Der 30. April eines jeden Jahres ist in Nord- und Mitteleuropa bekannt als Walpurgisnacht, weniger schön auch als Hexenbrennen bezeichnet. Traditionell ist - beeinflusst von der Literatur im 15./16. Jahrhundert - die Legende noch sehr lebendig, dass die Hexen in der Nacht zum 1. Mai auf dem Blocksberg (eigentlich „Brocken") feiern, auf ihren Besen umherfliegen und allerlei Schabernack treiben. Forscher gehen davon aus, dass sich in diesen Vorstellungen mehrere verschiedene Volksbräuche vermischen und einige möglicherweise auf matriarchalische Gesellschaftsstrukturen zurückzuführen sind. Aber auch die Angst vor der Kraft unabhängiger Frauen spielte dabei eine große Rolle. Die Fähigkeiten dieser weisen Frauen, die oft ungebunden und allein lebten und mit Kräutern, rituellen Worten oder durch Auflegen der Hände Krankheiten heilen konnten, war vielen Menschen jener von Aberglauben geprägten dunklen Zeit unheimlich. Noch heute ist dieser Tag als Fest Beltane einer der wichtigsten Feiertage moderner Hexen, die mitnichten alle böse und hässlich sind. Beltane bezeichnet den Sommeranfang im irischen Kalender. Dort finden sich seine Wurzeln ebenso, wie die einiger heute noch durchgeführter Mai-Bräuche. In Irland wurden bis in das im 20 Jh. an diesem Tag alle Feuer gelöscht und am nächsten Tag aus neun heiligen Hölzern neu entzündet. Man fragt sich auch, ob die Wahl der Maikönigin möglicherweise an die Verehrung einer Fruchtbarkeit bringenden Göttin erinnert.

Auf jeden Fall waren diese Hexenfeuer einst ein Mittel zur Vertreibung böser Geister. Andererseits schützte man sich zu jener Zeit durch Feuer vor Seuchen und Krankheiten, worin die Namensgebung Walpurgis begründet liegen soll. Die heilige Walburga, eine englische Äbtissin, war die Schutzheilige gegen Seuchen und man feierte ihren Ehrentag seinerzeit am 1. Mai.

Ein Teil der alten Bräuche, der heute noch gepflegt wird, ist das Maifeuer. Dafür wird am 30. April ein Feuer entzündet, man tanzt und feiert bis in die Nacht, um - wenn die Flammen nicht mehr so hoch lodern - gemeinsam mit seiner Liebsten den Maisprung über das Feuer zu wagen. In einigen Gegenden ziehen Kinder in Grüppchen durch den Ort, um zu "hexen", d. h. Schabernack zu treiben und in Skandinavien werden in dieser Nacht die heißesten Studentenfeste des Jahres gefeiert. Heutzutage sind diese Feiern als "Tanz in den Mai" bekannt und beliebt.

Um diesen Tag und diese Nacht ranken sich so viele Legenden und es gäbe noch so viel mehr darüber zu erzählen, dass es ein eigenes Buch füllen würde. Für uns reicht es einen weiteren Anlass für unsere Feuerschale zu haben.

Was hältst du davon, zu einem eigenen Maifeuer einzuladen und diesen Tag mit Freunden und Familie oder allein mit deiner Liebsten als Fest voller Lebensfreude zu begehen? Ihr ahnt schon die sommerlichen Tage und seid voller Vorfreude auf laue Nächte.

### Hier noch einige Tipps dazu:

Verzichte wenn möglich auf jegliche künstliche Beleuchtung und entzünde schöne Öllampen und Fackeln! Entfache in deiner Feuerschale ein kraftvolles Feuer und überlege dir schöne Rituale, die ihr durchführen könnt! Schmückt gemeinsam einen Baum mit bunten Bändern und knotet eure Wünsche mit hinein oder denkt euch einen Liebeszauber aus, um die Beziehung zu stärken und haltbar zu machen! Der perfekte Abschluss dieses wundervollen Festes ist es dann, am 1. Mai gemeinsam den Sonnenaufgang zu genießen.

## Johannesfeuer

Weltweit wird der Johannestag als hoher kirchlicher Feiertag mit unterschiedlichen Bräuchen begangen. Der ursprüngliche Brauch des Johannesfeuers jedoch hat seine Wurzeln in der altertümlichen Tradition der "Sonnwendfeier" aus vorchristlicher Zeit, die auch heute noch als "Mittsommernacht" in Nordeuropa gefeiert wird. Der ursprüngliche Tag, die Sommersonnenwende mit der kürzesten Nacht des Jahres, ist astronomisch der 21. Juni. Doch wurde er nach der Christianisierung unserer Vorfahren (der "heidnischen Germanen") mit einem kirchlichen Fest verknüpft und so wurde daraus das Johannes- oder Johannisfest anlässlich der Geburt des Heiligen Johannes am 24. Juni.

Doch nach wie vor waren mit diesem Fest die im Volksglauben verankerten Bräuche verknüpft, die auch Fruchtbarkeits- und Reinigungsriten beinhalteten. Im Mittelalter tanzte man ausgelassen an den „Johannesfeuern" und von einem Sprung über das Johannesfeuer erwartete man sich eine baldige Heirat. Es versprach aber auch Schutz vor Geistern und Hexen sowie vor Krankheiten. Angebrannte Holzstücke in den Äckern und Feldern sollten die Ernte vor Ungeziefer schützten.

Noch heute gehört dieser Tag in vielen Gegenden Europas zu den „magischen Tagen" des Jahres und ist auch als „Tag der Heilkräfte" bekannt. An diesem Tag sammelten „Johannisweiblein", wie die kräuterkundigen Frauen genannt wurden, die „Johanniskräuter", denen man Heilkräfte nachsagt und die in keiner Hausapotheke fehlen sollten. Dazu gehören Kamille, Ringelblume, Eisenkraut,

Arnika, Beifuß, Beinwell und viele andere. Das wichtigste Heilkraut aber wurde direkt nach diesem Tag benannt; das Johanniskraut.
Auch die „Johannissträuße“ sind eine noch heute beliebte Tradition, die aus Kräutern gebunden, als Strauß in die Vase gestellt oder als Kranz im Haar getragen werden. Mit einem Gürtel aus Beifuß - auch „Sonnwendgürtel“ genannt - sprang man durch das Feuer und verbrannte seine Krankheiten für das folgende Jahr, indem man ihn anschließend in die Flammen warf. Auch ein Strauß aus Beinwell sollte diesen Zweck erfüllen.
Was hältst du davon, an diesem längsten Tag des Jahres, an dem es kaum dunkel werden mag, ein paar Freunde oder deine Familie um die Feuerschale zu versammeln, um zusammen mit ihnen einige dieser alten Bräuche wieder aufleben zu lassen? Wenn du einen Holunderbaum im Garten hast, bietet es sich an, die Blütendolden des Holunders zu pflücken und in Pfannkuchenteig daraus die „Holunderküchlein“ zu backen, weil die an diesem Tag gepflückten Holunderblüten besonders heilkräftig sind. Auch eine Holunderlimonade ist leicht anzusetzen. Weil dies traditionell ein fröhliches Fest ist, das den Beginn des Sommers kennzeichnet, tanzt um die Feuerschale und lasst euch dazu noch lustige Tanzspiele einfallen. Bindet gemeinsam im Schein des Feuers Kräutersträuße und schenkt sie euch gegenseitig, verbunden mit lustigen Wünschen für den kommenden Sommer oder mit dem traditionellen Zweck, eure Krankheiten zu verbannen. Vielleicht seht ihr sogar einige der als Glühwürmchen bezeichneten Johanniskäfer, die in dieser Nacht bei gutem Wetter außerordentlich aktiv sind. Freut euch an diesem längsten Tag des Jahres, denn schon danach werden die Nächte wieder länger.

## Halloween

Dir begegnen auf der Straße gruselig verkleidete Gestalten, Werwölfe, Vampire oder Untote. Ein Mann trägt seinen Kopf unter dem Arm und eine weiße Lady gleitet

Fotolia

mit vergeistigtem Blick lautlos durch die Straßen. Überall in den Fenstern lachen dir beleuchtete Kürbisgesichter entgegen. Kinder rotten sich zusammen und streifen in Horden durch die Straßen. Sie klingeln an deiner Tür und rufen lauthals etwas Unverständliches, das klingt, wie "Süßes oder Saures!". Und wehe, du gibst ihnen nicht, was sie wollen. Dann werden Klingelknöpfe mit Zahnpaste beschmiert, der Briefkasten zugeklebt oder Unangenehmeres. Was das alles bedeutet? Es ist der 31. Oktober ... Halloween - schaurig und zum Gruseln schön! Doch was versteckt sich dahinter?

Während sich das heutige Halloween als kindischer Spaß mit lustigen Streichen maskiert, geht die Tradition auf uralte keltische Gebräuche mit okkulten Ritualen zurück, die nichts mit einer fröhlichen Party zu tun hatten! Wer weiß schon, dass es Bräuche waren, in denen die Druiden von Haus zu Haus zogen und Kinderopfer forderten. Auch waren die Menschen der Meinung, dass die Seelen Verstorbener in dieser Zeit die Grenze zwischen den Welten überwinden konnten und in der Samhain-Nacht umher-

streiften, um sich menschliche Körper zu suchen. Mit gruseligen Verkleidungen wollte man dafür sorgen, dass die Geister sie in Ruhe ließen, weil sie dachten, es handele sich um Ihresgleichen.
Erst die Römer bereiteten diesem Treiben nach der Eroberung Irlands ein Ende und später gaben Missionare und Kirchenmänner dem Ganzen ein neues Gesicht. Es wurde zu „All Hallows Eve", dem Abend vor Allerheiligen und verbreitete sich mit den Auswandererschiffen in die neue Welt nach Amerika. Von dort aus kamen die Partys wieder zurück nach Europa und erfreuen sich seit den 1990er Jahren wachsender Beliebtheit. Hierzulande vermischten sie sich mit regionalen Bräuchen, wie zum Beispiel dem Rübengeistern, bei dem ausgehöhlte Rüben zum Einsatz kommen, die Kinder sich jedoch nicht verkleiden.

Nun hat der Hintergrund dieses bunten Treibens - außer der Tradition, sich zu verkleiden und Haus und Garten mit ausgehöhlten Kürbissen zu beleuchten - mit uns heutzutage nicht mehr viel zu tun und nichts spricht dagegen, eine Halloween-Party zu organisieren. Lade dir Gäste zu einer Halloween-Motto-Party ein und bitte jeden, etwas Gruseliges für das Grillbuffet mitzubringen. Ganz einfach lockst du deine Gäste - auch wenn es im Freien schon kühl ist - mit der Aussicht auf gruselige Grill-Spezialitäten an die Feuerschale. Dünne Kürbisspalten, die in einer gut gewürzten Ölmarinade durchziehen durften, auf Grillspießen über der Feuerschale gegart, sind schmackhaft und Kürbisscheiben lassen sich wie Steaks in der Grillschale garen. Kleine gefüllte Kürbisse, in Folie gewickelt, brauchen zum Garen in der Glut der Feuerschale zwar etwas länger, sind dafür aber eine Delikatesse. Besonders lecker und zur Jahreszeit sehr passend sind auch Maronen, die vor dem Rösten kreuzweise eingeschnitten und mit einem Gemisch aus braunem Zucker und zerlassener Butter bestrichen wurden.

**Tipp:** Trefft euch schon nachmittags zum Kürbis-Aushöhlen und bereitet daraus gemeinsam eine leckere Halloween Suppe zu, die du um Mitternacht in einem der ausgehöhlten Kürbisse servierst.

## Erntedankfeuer

Jedes Jahr zweimal realisieren wir in der Zeit des Übergangs zwischen zwei Jahreszeiten, das Phänomen der Tagundnachtgleiche. Das heißt, an einem Tag im Frühjahr und im Herbst sind Tag und Nacht gleich lang. Am 23. September erinnern wir uns noch an den Sommer, aber die langen hellen Tage des Jahres werden kürzer: Es ist Herbstanfang. Oft verwöhnt uns die Natur noch einmal mit wundervoller Farbenpracht, bevor die Herbststürme übers Land wehen. Dies ist die richtige Zeit auch für uns, noch einmal innezuhalten. Wir ernten die Früchte, die wir gesät haben und es ist Zeit, uns dafür zu bedanken, was das Jahr uns an Gutem aber auch an Herausforderungen gebracht hat.

Das Ritual des Erntedankfestes ist ideal dafür. Wenn du in deiner Feuerschale ein Erntedankfeuer entzündest und all deine Wünsche hineingibst, aber auch alles Negative, das sich etwa im Laufe des Jahres angesammelt hat, so löst das alten Groll und übrig bleibt alles, was Freude bereitet. Wir sagen Danke für das, was selbstverständlich erscheint und verabschieden uns von der lichten Hälfte des Jahres, um uns auf eine nicht weniger schöne Zeit, den Winter, zu freuen.

Meist wird das Erntedankfest erst einmal mit kirchlichen Traditionen verbunden. Jedoch ist dies wohl eines der ältesten Rituale, die es gibt. Wir finden es überall auf der Welt, und in jeder alten Kultur sind Feste verzeichnet, mit denen sich die Menschen bei der für diesen Job zuständigen Gottheit für die Ernte bedankten.

Dies ist die perfekte Zeit, um Freunde einzuladen und gemeinsam ein Erntedankfest zu feiern. Schmücke dein Haus herbstlich mit Erntekränzen aus buntem Laub, Obst und Herbstblumen. Bitte deine Freunde, dass jeder eine Ern-

tedankfrucht mitbringt, die für sie oder ihn von besonderer Bedeutung ist und dass jeder etwas herbstliches zum Grillen mitbringt, seien es Kürbisspalten oder Wildfleisch, Pilze oder Äpfel. Lasst es euch zuerst mit guten Getränken und leckerem Essen vom Feuerschalen-Grill gut gehen und dann tauscht die Geschenke, das heißt die Erinnerungen aus, die euch das Jahr gebracht hat. Sagt auf Wiedersehen zur alltäglichen Hektik und begebt euch auf die Reise in eure inneren Welten, so wie auch die Natur sich bald zurückzieht.
Es gibt wundervolle Rituale, die zum Nachdenken anregen und dir dabei jede Menge Spaß garantieren:

- Nehmt eine Kokosnuss und haltet sie nacheinander jeweils für eine Weile in der Hand, während jeder laut ausspricht, bei wem er sich bedanken möchte. Wenn jeder deiner Freunde an der Reihe war, wird die Kokosnuss auf einem Stein aufgeschlagen und ins Feuer gegeben. Eine Kokosnuss verbreitet, wenn sie brennt, einen ganz besonderen Duft und wenn du noch Blumen, vielleicht sogar Räucherstäbchen hinzugibst, wird euch das verzaubern.
- Jeder schreibt das, was er in seinem Leben nicht mehr braucht und was er loslassen möchte, auf kleine Zettel und gibt sie ins Feuer.

… und zu guter Letzt tut ihr euch selbst noch etwas Gutes: Spieße einen Apfel auf und halte ihn über die Glut in der Feuerschale, bis er weich ist. Du kannst den Apfel aber auch aushöhlen, mit Marzipan oder Rumrosinen füllen, dann in Folie wickeln und direkt in die Glut legen. Unvergleichlich köstlich!

## Feuerrituale anderer Kulturen

Feuer wird in vielen Kulturkreisen als Symbol für Reinigung, Transformation und die Rückkehr des Lichts verehrt.

Wie schon im Zusammenhang mit anderen Bräuchen erwähnt, war die Feuerstelle Mittelpunkt eines Hauses und des sozialen sowie religiösen Lebens. Das Herdfeuer wurde - in manchen Gegenden sogar bis zur Erfindung moderner Kochstellen - als etwas Heiliges verehrt.
Dank vieler Rückmeldungen unserer Kunden haben wir einen originellen Blick über den Tellerrand erhalten. Entdecke deshalb mit uns noch mehr fremdländische Feuerrituale!

In der **schamanischen Energiearbeit** ist die Kommunikation mit dem Feuer ein zentraler Bestandteil. Man befragt das Feuer, verbindet sich mit ihm und sieht es als lebendiges Wesen an. Auch im spirituellen Leben der Mayas hatten Feuerrituale eine wichtige Bedeutung. Während der Zeremonien wurden die geistigen Hüter der vier Himmelsrichtungen und die Nahuales eingeladen und um Unterstützung gebeten. Nahuales sind feinstoffliche Tageshüter, die die Menschen mit verschiedenen Energien und Aufgaben unterstützen.

Das wichtigste religiöse Ereignis der Azteken, **die „Zeremonie des neuen Feuers“**, fand alle 52 Jahre statt, weil dann ein Zyklus endete und die Gefahr eines Weltunterganges bestand. Fünf Tage vorher wurden sämtliche Altarfeuer gelöscht und die gesamte Habe zerstört, bis nach dem Erscheinen der Plejaden am Himmel klar war, dass die Welt noch nicht untergehen würde. Daraufhin wurden rituell alle Feuer wieder entzündet, man brachte Opfer, fastete und begann anschließend mit dem Wiederaufbau.

In **griechischen und römischen Tempeln** brannte ein ewiges Feuer, das von Tempeldienerinnen bewacht wurde und niemals erlöschen durfte. Es gab sogar eigens dafür zuständige Göttinnen.

Ohne Feuerrituale undenkbar ist der Alltag in **Indien und anderen asiatischen Ländern** - sei es in Form tägli-

cher Verehrung vor dem Hausaltar oder einer von Priestern durchgeführten vedischen Zeremonie. **Yagja, Homa oder Feuerpuja** genannt, kann so eine Veranstaltung sogar mehrere Tage dauern. Durch Zugabe von Ghee (geklärter Butter) halten Eingeweihte das Feuer am brennen und geben verschiedene Ingredienzien wie Blumen, Kokosnüsse, kostbare Öle oder Früchte hinein. Dazu rezitierte Mantren erzeugen ganz besondere Schwingungen und sollen helfen, negative Energien aufzulösen.
Kennst du Wesen wie Lakshmi, der Göttin des Wohlstands und der Fülle oder dem elefantenköpfigen Ganesh, der Hindernisse beseitigt und Wünsche erfüllt? Auch du könntest einen Neubeginn am Jahresanfang oder die Erfüllung von Wünschen durch deren Bildnis und Rezitation eines entsprechenden Mantras unterstützen.

Doch auch ohne, dass du an die Präsenz hinduistischer Gottheiten glaubst, kannst du die heilende und harmonisierende Kraft des Feuers für dich und deine Familie nutzen. Reinige deine Feuerschale mit Rosenwasser, um alte Energien zu entfernen und entfache darin mit Holz und Ghee ein schönes Feuer. Formuliert gemeinsam oder jeder für sich, eine Intention und konzentriert euch intensiv darauf. Haltet dabei abwechselnd oder jeder eine eigene Kokosnuss in der Hand. Zerbrecht sie anschließend auf einem Stein und gebt abwechselnd die Stücke sowie verschiedene Samenkörner, Reis, Blumen, Räucherstäbchen oder - wenn Wohlstand das Ziel ist - auch Münzen hinein. Es mag sein, dass durch die Kraft des Feuers nicht alle Wünsche tatsächlich in Erfüllung gehen aber es bleibt euch immer das gemeinsame Erlebnis und darum geht es eigentlich.
**Extratipp:** Sobald am nächsten Tag die Reste des Feuers ausgekühlt sind, könnt ihr gemeinsam noch vorhandene Stücke zerkleinern, die Asche durchsieben und unter den Teilnehmern aufteilen. Dadurch bewahrt sich jeder einen Teil der Feuerzeremonie als Erinnerung eines gemeinsamen Erlebnisses für den Alltag auf.

# XXL: Rezepte für die Feuerschale

Herzlichen Glückwunsch. Nachdem du den ersten Teil der Feuerschalen Fibel durchgearbeitet hast, kannst du dich nun nach Herzenslust mit den folgenden Rezepten austoben.

Bei den Mengenangaben in den Rezepten werden mitunter grammgenau die Zutaten aufgelistet. Hier möchten wir zur Gelassenheit ermutigen. Kochen an der Feuerschale darf ruhig auch einmal nach Schätzwerten, dem Bauchgefühl und persönlichen Vorlieben erfolgen. Die Gerichte werden dir auch dann gelingen, wenn es statt 100 Gramm Mehl einmal 120 Gramm werden. Die meisten Rezepte sind übrigens für etwa 4-6 Personen ausgelegt. Mit Blick auf die Zutatenliste kannst du abschätzen, ob du deine Familie satt bekommen wirst oder ggf. die aufgeführten Mengen etwas erhöhen musst.

Auch bei den Zeitangaben wirst du Abweichungen erleben. Wenn im Rezept eine Garzeit von 30 Minuten aufgeführt ist, kann es dennoch passieren, dass dir die Speise nach 20 Minuten droht anzubrennen. Die Temperatur an der Feuerschale schwankt. Einfluss haben Position und Qualität der Glut, die Witterungsverhältnisse, die Jahreszeit und einige weitere Faktoren. Lies hierzu noch einmal das Kapitel Kochen mit Rezepten.

Bei der Auswahl der Rezepte war es uns wichtig, dass wir unsere langjährige Erfahrung und Leidenschaft mit dir teilen können. Die vorgestellten Rezepte haben wir selbst schon einmal gekocht, sie funktionieren an der Feuerschale. Dabei haben wir vor allem auf gebräuchliche Lebensmittel und einen Stamm an Klassikern geachtet.

Und nun: viel Freude mit den Feuerschalen-Rezepten XXL!

# Dutch Oven

# Afrikanisches Hähnchen

Schwierigkeitsgrad:
mittel
Verteilung der Kohlen:
½ unter den Topf, ½ auf den Deckel.
Benötigt wird außerdem:
Ein Dutch Oven und eine Schüssel.

Die Hähnchenbrüste waschen und trocken tupfen. Dann mit dem afrikanischen Gewürzsalz einreiben und etwas einziehen lassen. Den Knoblauch hacken und die Zwiebeln in kleine Würfel schneiden. Die Sahne, das Tomatenmark, Balsamico, Honig und den Senf vermischen. Dann den Dutch Oven innenseitig gut mit der Butter einfetten. Die eingelegten Hähnchenbrüste mit den Zwiebeln in den Oven legen und den Knoblauch darüber geben. Die Hähnchenbrust von beiden Seiten kurz anbraten. Dann die Sauce über das Fleisch geben. Mit dem Deckel verschließen und in die Glut stellen. Der Dutch Oven sollte mindestens 1 Stunde auf dem Feuer verbleiben. Das Fleisch wird sehr zart und zerfällt beinahe. Die Fleischstücke können gut mit Baguette serviert werden. Die Sauce immer wieder umrühren, damit nichts anbrennen kann. Das Fleisch wird sehr zart und hat einen sehr leckeren Geschmack. Eine vollwertige Hauptspeise. Es empfiehlt sich ein Salat als Beilage.

## Zutaten für 4-6 Personen

- 6 Hähnchenbrüste
- 6 Knoblauchzehen
- 100ml Tomatenmark
- 30ml Balsamico
- 30g brauner Zucker
- 10g Honig
- 100ml Senf scharf
- 250ml Sahne
- 2 große Zwiebeln
- Gewürzsalz afrikanisch
- Butter zum einfetten
- Reis oder Baguette nach Bedarf

## Rinderbraten klassischer Art

Schwierigkeitsgrad:
leicht
Verteilung der Kohlen:
Am Anfang 2/3 unter den Dutch Oven zum Anbraten
Später 1/3 darunter, 2/3 auf den Deckel.
Benötigt wird außerdem:
Ein Dutch Oven.

### Zutaten für 6 Personen

- 1 kg Rinderfleisch (Keule oder Schulter)
- 100 g Speck
- 200 ml Rotwein
- 200 ml Fleischbrühe
- 1 Gemüsezwiebel
- 1 Sellerie
- 1 Möhre
- Petersilie
- Olivenöl
- Salz und Pfeffer

### Zubereitung

Im Dutch Oven das Olivenöl erwärmen und das Rindfleisch rundherum anbraten. Mit dem Wein auffüllen und die Fleischbrühe darüber ergießen. Den Speck in dünne Streifen schneiden. Die Zwiebel enthäuten und hacken. Die Sellerie putzen und würfeln. Die Möhre putzen und in Scheiben schneiden. Die Petersilie waschen, abtropfen und hacken. Diese Zutaten dann gemeinsam dazugeben und mit Salz und Pfeffer würzen. Vor dem Schließen des Deckels noch einmal die Zutaten miteinander vermengen. Die Garzeit beträgt etwa drei Stunden. Dabei darf die Temperatur ruhig etwas abnehmen, jedoch nicht zu sehr. Ansonsten reichen die 3 Stunden nicht aus.

## Rindergeschnetzeltes mit Bollen

Schwierigkeitsgrad:
mittel
Verteilung der Kohlen:
Unter Topf. Später 1/3 darunter, 2/3 auf den Deckel.
In der letzten halben Stunde alles unter den Topf.
Benötigt wird außerdem:
Ein Dutch Oven sowie ein Becher für den Wein und eine Kanne zum Erwärmen des Wassers.

### Zutaten für 4-6 Personen

- 600 g Bratenfleisch
- 100 g Speck
- 4 Zwiebeln
- 4 Knoblauchzehen
- 1 Bund Suppengemüse
- 200 g Tomatenmark
- 250 ml Rotwein (kräftig, z.B. Shiraz)
- Honig
- Salz und Pfeffer

### Zubereitung

Das Rindfleisch stückeln (schnetzeln). Den Knoblauch schälen und hacken. Den Speck würfeln. Das Suppengemüse putzen und stückeln. Die Zwiebeln (Bollen) enthäuten. Im vorbereiteten Dutch Oven das Rindfleisch mit dem Speck anbraten. Wenn das Fleisch erste Röststellen erhält folgt das Gemüse samt Knoblauch und Zwiebeln in den Dutch Oven. Mit dem Tomatenmark verrühren. Den Wein in einem Becher salzen und pfeffern und damit den Braten ablöschen. Den Dutch Oven mit seinem Deckel schließen. Während des Garens die entweichende Flüssigkeit von Zeit zu Zeit ersetzen. Dazu am besten bereits angewärmtes Wasser verwenden, dass man parallel auf der Feuerschale leicht in einer Kanne (zum Beispiel in einem Perkolator) herstellen kann. Für die letzte halbe Stunde des Garvorganges (insgesamt 2,5 Stunden) das Geschnetzelte mit Honig bestreichen. Während dieser Zeit bleibt der Deckel dann vom Dutch Oven entfernt.
Als Beilage passen alle hellen Backwaren sehr gut.

## Bayrisches eingemachtes Kalb

Schwierigkeitsgrad:
mittel
Verteilung der Kohlen:
1/3 auf den Deckel und 2/3 unter den Topf.
Benötigt wird außerdem:
Ein Dutch Oven.

### Zutaten für 4-6 Personen

- 900 g Kalbsfleisch (z.B. aus der Schulter)
- 600 g Spargel
- 1 Bund Suppengemüse
- 2 Zwiebeln
- 200 ml Gemüsebrühe
- 1 Zitrone
- 2 EL Mehl
- 3 EL Butter
- Salz und Pfeffer

### Zubereitung

Das Kalbsfleisch in Gulaschstücke schneiden. Das Gemüse und die Zwiebeln putzen und stückeln. Das Fleisch im vorbereiteten Dutch Oven in der darin zerlassenen Butter anschmoren. Wenn das Fleisch anfängt Farbe zu bekommen, das Gemüse und die Zwiebeln hinzufügen. Dann Pfeffern und Salzen. Das Mehl über dem Fleisch von allen Seiten gleichmäßig verstäuben. Jetzt mit der Gemüsebrühe ablöschen. Zum Garen den Deckel drauf geben. Nach einer Stunde den geschnittenen Spargel dazugeben und mitkochen lassen. Am Ende der zweistündigen Garzeit mit ein paar Spritzern Zitrone abschmecken. Als Beilage sind Spiralnudeln sehr empfehlenswert.

## Haxe

Schwierigkeitsgrad:
mittel
Verteilung der Kohlen:
2/3 auf den Deckel und 1/3 unter den Topf.
Benötigt wird außerdem:
Ein Dutch Oven sowie ein Grillrost für die Feuerschale.

### Zutaten für 6 Personen

- 3 Haxen
- 400 ml Schmand
- 1 Flasche Weißwein
- Paprika edelsüß
- 3 EL Petersilie
- 3 EL Butter
- Salz und Pfeffer

### Zubereitung

Die Butter salzen und pfeffern. Damit die Haxen gleichmäßig einreiben. Die Haxen in den leicht geölten Dutch Oven legen. Dann mit 250 ml Weißwein auffüllen und den Deckel schließen. Im Halbstundenrythmus den entwichenen Wein mit frischen Wein ersetzen. Nach zwei Stunden die Haxen auf dem Grillrost der Feuerschale von allen Seiten gleichförmig grillen. Während dieser Zeit kann man die Flüssigkeit im Dutch Oven weiter reduzieren und zusammen mit dem Paprikapulver, dem Schmand und der Petersilie eine lecker Bratensoße erschaffen. Diese noch mal mit Salz und Pfeffer abschmecken.
Hierzu passen besonders gut Knödel als Beilage.

# Polnische Kohlroulade

Schwierigkeitsgrad:
mittel
Verteilung der Kohlen:
Am Anfang 2/3 unter den Dutch Oven zum Anbraten
Später 1/3 darunter, 2/3 auf den Deckel.
Benötigt wird außerdem:
Ein Dutch Oven, Küchengarn/Zahnstocher und eine Schüssel.

## Zutaten für 6 Personen

- 1 Weißkohl (Wirsingkohl geht auch)
- 1kg Schweine-Hackfleisch
- 150g Reis
- 100g Butter
- Becher Schmand
- 2 EL Tomatenmark
- 2 Zwiebeln
- 1 Ei
- Gemüsebrühe aus Fond / alternativ Brühwürfel
- 2-3 EL Paprikapulver Edelsüß
- 1 EL Majoran
- Salz und Pfeffer

## Zubereitung

Den Reis entweder im Dutch Oven oder im heimischen Kochtopf leicht ankochen/angaren. Nun den kompletten Weißkohl ca. 5 min. vorkochen. Zu weiche Blätter entfernen, jedoch noch aufbewahren. Diese braucht man später als Unterlage im DOpf. Bei den restlichen Blättern den Strunk herausschneiden. Nun das Hackfleisch mischen mit Reis, Zwiebeln, Ei und den Gewürzen. Alles in guten Portionen in die Blätter einwickeln und mit Küchengarn oder Zahnstochern fixieren. Nun die Butter im DO erhitzen und die Kohlrouladen von beiden Seiten anbraten.
Danach die Kohlrouladen aus dem DOpf nehmen und diesen mit den zurückgelegten Blättern auskleiden. Jetzt die Kohlrouladen wieder hineingeben und mit Brühe und Tomatenmark auffüllen. Zum Schluß wiederrum mit Kolhblättern abdecken. Die Kohle/Glut wird nun unter dem DOpf auf 1/3reduziert und dafür etwas mehr auf den Deckel gelegt. Nach ca. 30 min. Garzeit sind die Kohlrouladen fertig und lecker saftig. Die Rouladen heraus nehmen und aus der Brühe mit Schmand und eventuell Mehl zum Andicken eine leckere Soße kreieren.

# Schinkenschweinchen

Schwierigkeitsgrad:
mittel
Verteilung der Kohlen:
2/3 auf den Deckel und 1/3 unter den Topf.
Benötigt wird außerdem:
Ein Dutch Oven.

## Zutaten für 6 Personen

- 600 g Schweinefilet
- 300 g gekochter Schinken
- 300 g Champignons
- 300 g Cocktailtomaten
- 2 Knoblauchzehen
- 200 g Schmand
- 2 EL Tomatenmark
- 100 g Butter
- Salz und Pfeffer

## Zubereitung

Das Schweinefilet in Stücke schneiden und mit Salz und Pfeffer würzen. Die Champignons putzen und vierteln. Die Cocktailtomaten halbieren. Im vorbereiteten Dutch Oven die Butter zergehen lassen und mit dem Kochschinken auslegen. Dazu wird etwa die Hälfte der Menge benötigt.
Das Filet darauf gleichförmig verteilen und die Lücken mit den Champignons und den Tomaten auffüllen. Den Knoblauch fein hacken und mit dem Schmand und dem Tomatenmark verrühren. Ruhig noch etwas mit Salz und Pfeffer abschmecken und dann gleichförmig verteilen Die andere Hälfte des Kochschinkens nun als Abschluss darüber legen.
Nun braucht es noch etwa eine Stunde Garzeit bei geschlossenem Deckel.
Dazu passen geröstete Toastscheiben.

# Italienischer Rücken vom Schwein

Schwierigkeitsgrad:
mittel
Verteilung der Kohlen:
Unter den Topf. Später 1/3 darunter, 2/3 auf den Deckel.
Benötigt wird außerdem:
Ein Dutch Oven sowie etwas Frischhaltefolie.

## Zutaten für 6 Personen

- 1 kg Schweinerücken
- 1 Flasche Rotwein (kräftig, z.B. Shiraz)
- 1 Sellerie
- 4 rote Zwiebeln
- 4 Knoblauchzehen
- 3 EL Rosmarin
- Gewürznelken
- Salz und Pfeffer
- Öl

## Zubereitung

Zwei der vier Zwiebeln, Sellerie sowie zwei der vier Knoblauchzehen klein hacken. Mit etwa 3 EL Öl vermischen, so dass es wie eine Paste anmutet. Mit Salz und Pfeffer würzen. Die Rückenfleischrolle mit dieser Paste einreiben (was übrig bleibt, kommt später mit in den Dutch Oven). Dann in der Frischhaltefolie einrollen und so für 2 Stunden ziehen lassen. Die Folie wieder entfernen. Mit Rosmarin und Knoblauchsplittern (die zwei letzten Zehen vorher klein hacken) spicken. Im vorbereiteten Dutch Oven das Fleisch bei nur wenig Fett etwas anbraten. Dabei das Fleisch gleichmäßig wenden. Mit etwas Wasser auffüllen (nicht mehr als 1 cm). Nun die restlichen Zwiebeln klein hacken und dazu geben. Das aufkochende Wasser mit ½ Liter Rotwein ablöschen. Die übrigen Zutaten der Paste mit den Gewürznelken hineingeben. Nun den Deckel auf den Dutch Oven geben. Die Garzeit beträgt bei mäßiger Temperatur etwa 3,5 Stunden. Durch die mäßige Temperatur muss meist keine Flüssigkeit nachgefüllt werden. Ansonsten kann man einnoch mal einen Schluck Wein "opfern". Das zarte Fleisch lässt sich in feine Scheiben schneiden und schmeckt zu nur leicht geröstetem Weißbrot sehr köstlich. Aus dem Sud lässt sich durch Andicken mit Mehlschwitze eine leckere Soße dazu ankochen.

# Schinken-Lauch-Gratin

Schwierigkeitsgrad:
mittel
Verteilung der Kohlen:
2/3 auf den Deckel und 1/3 unter den Topf.
Benötigt wird außerdem:
Ein Dutch Oven. Außerdem ein Pfannenknecht, ein Sieb zum Abgießen der Nudeln und eine Schüssel zum Zwischenlagern.

## Zutaten für 4 Personen

- 3 Stangen Lauch
- 200 g gekochter Schinken, in Streifen geschnitten
- 200 g geriebener Emmentaler
- 500 g Spätzle
- 1 gehäufter EL Butter
- Salz und Pfeffer

## Zubereitung

Die Spätzle in kochendes Wasser geben und nach etwa 5-6 Minuten in einem Sieb abgießen. Der Dutch Oven wird danach zur Seite gestellt. Nun werden die Lauchstangen geputzt und in Ringe geschnitten. Der Deckel des Dutch Oven - mit seinem ebenen Innenboden - wird umgedreht auf den Pfannenknecht gelegt, so dass er als Pfanne nutzbar ist. Etwa ein Drittel der Butter hineingeben und die Hälfte der Lauchringe sowie eine Minute später die Hälfte des Schinkens hinzufügen. Die Lauchringe werden zusammen mit dem Schinken für wenige Minuten gedünstet. Dabei stetig umrühren. Anschließend in einer Schüssel zwischenlagern. Nun mit der zweiten Hälfte von Lauchringen und Schinken genauso verfahren. Auch die zweite Portion in die Schüssel geben. In der Schüssel salzen und pfeffern und alles einmal umrühren. Nun mit dem letzten Drittel Butter den Dutch Oven einfetten. Die Spätzle abwechselnd mit der Lauch-Schinken-Mischung schichten. Zunächst eine Schicht Spätzle, darauf Lauch-Schinken. Dann etwas geriebenen Käse verteilen. Danach die nächste Schicht genauso. Auf die letzte Schicht soll am meisten Käse, hierfür also genügend Käse zurückhalten. Nun für den Dutch Oven mit Deckel für etwa 10-15 Minuten in die Hitze geben. Dabei mehr Kohlen auf den Deckel geben, dieses Gericht brennt sonst schnell an.

# Kruspelspitz

Schwierigkeitsgrad:
mittel
Verteilung der Kohlen:
1/3 auf den Deckel und 2/3 unter den Topf.
Benötigt wird außerdem:
Ein Dutch Oven sowie eine Schüssel zum Umfüllen zum Umfüllen der Brühe.

## Zutaten für 6 Personen

- 1 kg mageres Rindfleisch
- 1 Bund Suppengemüse
- 500 ml Brühe
- Pfefferkörner
- Lorbeerblatt
- Salz

## Zubereitung

Das Gemüse putzen und zusammen mit der Brühe in den vorbereiteten Dutch Oven geben und zum Kochen bringen. Dann aus dem Dutch Oven in eine Schüssel umfüllen. Im Dutch Oven Wasser zum Kochen bringen. Die Menge so wählen, dass das Fleisch später voll bedeckt ist und kochen kann. So erhält man das Aroma vom Fleisch. Zwei Minuten kochen reicht völlig aus. Dann das Wasser ausgießen, so dass nur noch das Fleisch im Dutch Oven liegt. Nun begießt man das Fleisch mit einem Teil der Brühe (etwa 300 ml). Deckel schließen und eine Stunde garen lassen. Jetzt erst den Rest der Brühe mitsamt dem Suppengrün dazugeben. Nach vollen drei Stunden Garzeit ist der Kruspelspitz fertig und kann gern mit der der Brühe und dem mitgekochten Gemüse serviert werden. Wer mag, kann zur Sättigung auch noch Salzkartoffeln mitkochen. 30 Minuten vor dem Ende reichen dazu, damit sie noch bissfest bleiben.

# Hirschkeule im DOpf

Schwierigkeitsgrad:
schwer
Verteilung der Kohlen:
Am Anfang 2/3 unter den Dutch Oven zum Anbraten.
Später 1/3 darunter, 2/3 auf den Deckel.
Benötigt wird außerdem:
Ein Dutch Oven und ein Gefrierbeutel.

## Zutaten für 4 Personen

- 1 kg Nuss aus der Keule
- Majoran, Rosmarin, Thymian, Salbei
- 100 g Speck
- 100 ml Buttermilch
- 300 ml Rotwein
- 500 ml Wildfond
- 2 Zwiebeln
- 2 TL Senf (z.B. Rotwein-Pflaume)
- 1 Becher Saure Sahne
- Salz und Pfeffer

## Zubereitung

Das Fleisch wird am Tag zuvor mit den klein gehackten Kräutern, 100 ml Rotwein sowie 100 ml Buttermilch in den Gefrierbeutel gegeben und gut vermengt.
Nachdem das Fleisch über Nacht im Kühlschrank war, hat sich die Farbe deutlich verändert. Dann wird die Hirschkeule mit dem Speck gespickt und zusammen mit dem restlichen Speck und den Zwiebeln im Dutch Oven angebraten. Anschließend wird das Ganze mit dem Wildfond, Rotwein und der Buttermilch aus der Marinade sowie den Kräutern abgelöscht und 20 min mit geschlossenem Deckel gegart. Dann kommt der Senf und die Saure Sahne hinzu und mit Salz und Pfeffer abgeschmeckt.
Das Ganze dann gemütlich noch ca. 30 min garen.

# Eingelegter und gebratener Hirsch mit Champignons

Schwierigkeitsgrad:
schwer
Verteilung der Kohlen:
½ auf den Deckel und ½ unter den Topf.
Benötigt wird außerdem:
Ein Dutch Oven.

## Zutaten für 6 Personen

- 1 kg Hirschkeule
  (kann mit Knochen sein)
- 300 g Champignons
- 150 g Speck
- 3 rote Zwiebeln
- 250 ml Weinessig
- 200 ml saure Sahne
- 150 g Senf
- Majoran
- Rosmarin
- Olivenöl

## Zubereitung

Am Vortag die roten Zwiebeln schälen und in Scheiben schneiden. Mit den Gewürzen (Majoran, Rosmarin und Pfeffer) und dem Weißweinessig zusammen im Dutch Oven erhitzen. Noch kein Salz dazugeben. Dann den Senf einmischen. Mit der Marinade das Hirschfleisch marinieren. Anschließend das Fleisch über Nacht im Kühlschrank belassen. Die restliche Marinade ebenfalls kühl stellen. Am Folgetag den Speck in Scheiben schneiden und im Dutch Oven ausbreiten. Darauf das Hirschfleisch. Die Pilze putzen und schneiden und dann in der Marinade vermengen. Den Dutch Oven erwärmen und den Hirsch etwa 2 Stunden lang in der Marinade garen. Dabei die Marinade immer mal wieder mit einer Schöpfkelle über das Fleisch bringen. Nach einer Stunde Garzeit wird die saure Sahne hinzugefügt und verrührt. Mit Salz abschmecken und nur noch die Garzeit von zwei Stunden einhalten.

# Pute gebraten

Schwierigkeitsgrad:
mittel
Verteilung der Kohlen:
½ auf den Deckel und ½ unter den Topf.
Benötigt wird außerdem:
Ein Dutch Oven sowie ein Silikonpinsel
zum Bestreichen der Pute.

## Zutaten für 6 Personen

- 1 Pute
- 0,5 l Brühe
- 4 EL Butter
- Salz und Pfeffer

## Zubereitung

Die Pute ausnehmen, waschen, abtropfen lassen und dann würzen. Die Butter gleichförmig auf dem Boden des vorbereiteten Dutch Oven geben. Die Pute darauf ablegen und mit der zerlaufenen Butter aus dem Dutch Oven bestreichen. Mit 200 ml Brühe begießen. Den Deckel vom Dutch Oven drauf legen und nur noch alle 20 bis 30 Minuten mit Brühe begießen. Nach 2,5 bis 3 Stunden ist die Pute gar. Eine leckere Soße erhält man, wenn man die Brühe aus dem Dutch Oven noch bindet.

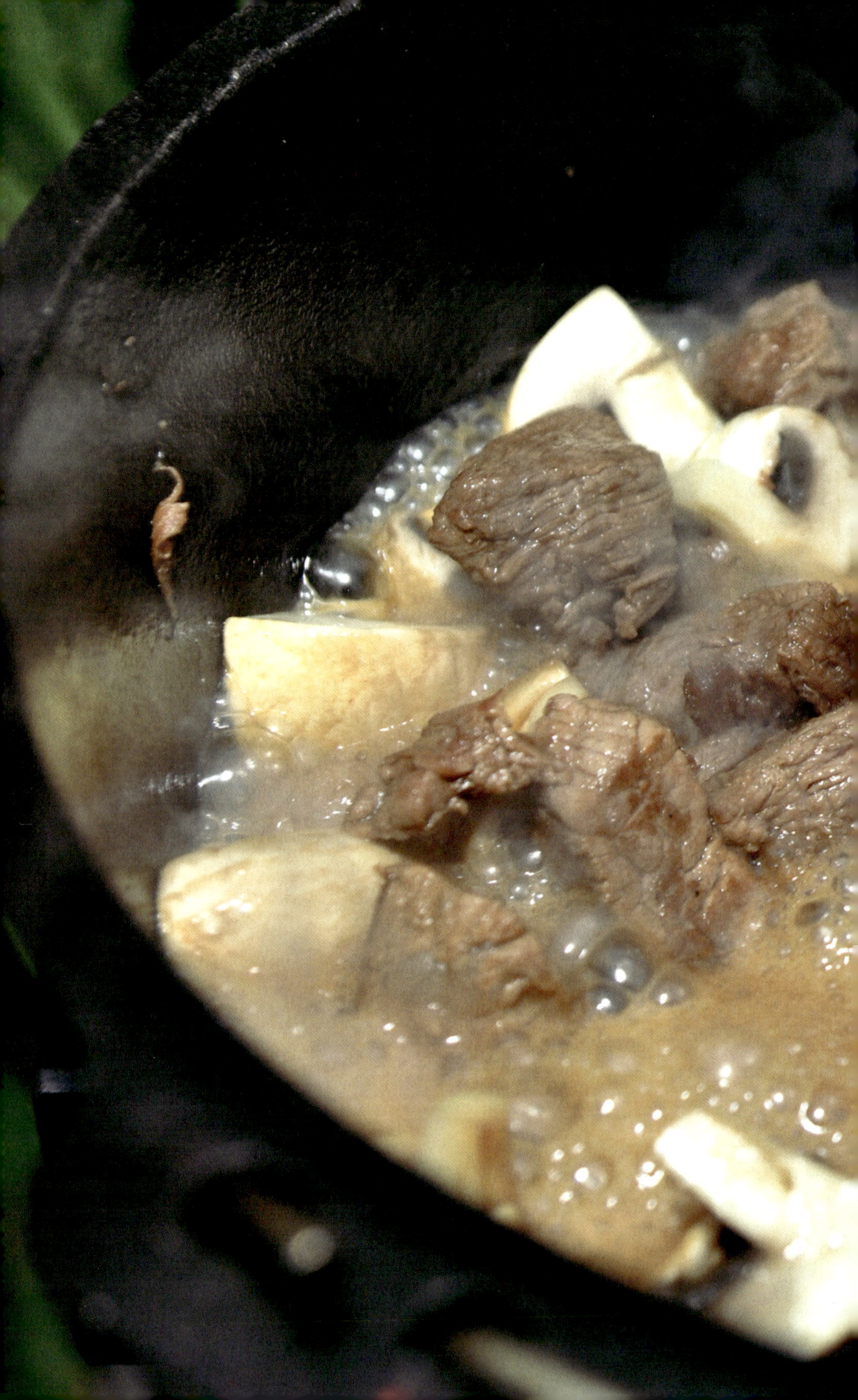

# Boeuf Stroganoff

Schwierigkeitsgrad:
schwer
Verteilung der Kohlen:
Am Anfang 2/3 unter den Dutch Oven zum Anbraten.
Später 1/3 darunter, 2/3 auf den Deckel.
Benötigt wird außerdem:
Ein Dutch Oven.

## Zutaten für 4 Personen

- 1000 g Rinderfilet
- 400 g Champignons
- 250 g Reis
- 150 g Saure Sahne
- 3 Zwiebeln
- 2 EL Dijon Senf
- 400 ml Rinderfond
- Salz und Pfeffer
- 1 Prise Zucker
- Buttersachmalz
- Cognac
- Speisestärke

## Zubereitung im Dutch Oven

Den benötigten Reis bereitet man entweder in einem zweiten Dutch Oven vor oder aber lässt diesen auf dem Herd fertig werden und auf seinen Einsatz warten.

Die Glut für den Dutch Oven vor Zubereitung des Rinderfilets vorbereiten. Das Rinderfilet in mundgerechte Stücke schneiden und die Zwiebeln würfeln. Die Filetstücke in den erhitzten Butterschmalz geben und anbraten. Nach dem Anbraten mit einem guten Schuss Cognac ablöschen und die Pilze dazu geben. Jetzt ca. 10 min. köcheln lassen. Wenn es duftet und lecker ausschaut, die zerhackten Zwiebeln und den Senf reingeben und umrühren. Nochmals kurz bei geschlossenem Deckel braten lassen. Die Glut unter dem Dutch Oven kann jetzt auf 1/3 reduziert werden.

Jetzt den Fond dazugeben und den Inhalt mit Salz, Pfeffer und einer Prise Zucker abschmecken. Zum Schluß saure Sahne darüber geben und die Flüssigkeit ein wenig mit Speisestärke andicken.

# Gans(z) aus Straßburg

Schwierigkeitsgrad:
mittel
Verteilung der Kohlen:
Unter Topf. Später 1/3 darunter, 2/3 auf den Deckel.
Benötigt wird außerdem:
Ein Dutch Oven. Außerdem ein Küchentuch zum Abreiben der Quitte sowie ein Silikonpinsel für den Honig.

## Zutaten für 6 Personen

- 1 kg Gänsestücke
- 1 Packung Weinsauerkraut (500 g)
- 1 Quitte
  (es gehen auch 4 EL Quittengelee)
- 1 Zwiebel
- 1 Glas Calvados (Schnaps aus Apfel)
- 200 ml Apfelsaft
- 3 Gewürznelken
- 1 EL flüssiger Honig
- 2 EL Gänseschmalz
- Salz und Pfeffer

## Zubereitung

Das Gänsefleisch im Dutch Oven mit dem Gänseschmalz anbraten. Das Sauerkraut aus der Packung nehmen und lockern (auseinander zupfen) und auch in den Dutch Oven geben. Den Flaum der Quitte durch Abreiben mit einem Küchentuch entfernen. Dann schälen. Von allen vier Seiten aufschneiden und stückeln. Dann zum Dutch Oven geben. Calvados und Apfelsaft über die Gänsestücke gießen. Die Zwiebeln enthäuten und in Scheiben schneiden. Dann dazugeben. Nun die Nelken dazugeben. Nach Belieben mit Salz und Pfeffer würzen. Den Dutch Oven schließen und eine halbe Stunde vor Ende der Garzeit den Honig auf die Gänsestücke aufbringen. Am besten geht das mit einem Silikonpinsel. Nach zwei bis drei Stunden Garzeit ist alles fertig.

# Hase

Schwierigkeitsgrad:
mittel
Verteilung der Kohlen:
Unter Topf. Später 1/3 darunter, 2/3 auf den Deckel.
Benötigt wird außerdem:
Ein Dutch Oven.

## Zutaten für 6 Personen

- 1200 g Hasenfleisch
  (ruhig mit Knochen)
- 150 g Speck
- 5 Möhren
- 4 rote Zwiebeln
- 1 Bund Schnittlauch
- 200 ml Rotwein
- 200 ml Schmand
- 1 Zitrone
- Öl
- Salz und Pfeffer

## Zubereitung

Den oder die Hasen salzen und pfeffern. Die Zwiebeln schälen und in Scheiben schneiden. Die Möhren putzen und stiften. Den Schnittlauch zerkleinern. Den Speck würfeln und zuerst in den geölten Dutch Oven geben. Dann das Hasenfleisch in den Dutch Oven geben. Kurz von allen Seiten anbraten. Nun folgt schon das vorbereitete Gemüse. Unverzüglich den Rotwein dazugießen und den Deckel vom Dutch Oven auflegen. Der Garvorgang dauert etwa 1,5 Stunden. Während dieser Zeit immer mal wieder die Flüssigkeit mit Wasser auffüllen. Am Ende den fertigen Hasen entnehmen und den Rest zu einer Soße andicken. Dazu den Schmand hinzufügen und die Soße reduzieren. Mit einigen Spritzern Zitrone abschmecken.
Passend als Beilage ist ein rustikales Schwarzbrot.

## Betrunkenes Huhn

Schwierigkeitsgrad:
mittel
Verteilung der Kohlen:
½ auf den Deckel und ½ unter den Topf.
Benötigt wird außerdem:
Ein Dutch Oven, eine Schüssel zum Rühren sowie ein Bindfaden zum Zubinden des Huhnes.

### Zutaten für 4-6 Personen

- 1 Huhn (für 6 Personen sollte es ein großes sein. Sonst gehen auch zwei kleine.)
- Weißbrot (oder übrig gebliebene Frühstücksbrötchen)
- 2 Eier
- Mehl
- 1 Bier (Sorte nach Belieben)
- 1 Bund Petersilie
- Currypulver
- 3 EL Olivenöl
- Salz und Pfeffer

### Zubereitung

Dem Huhn die Innereien entnehmen. Salz, Pfeffer und Currypulver in das Olivenöl einrühren und damit das Huhn von allen Seiten gründlich einreiben. Eier aufschlagen und in einer Schüssel mit Weißbrot und einem Schluck Bier verrühren. Etwas Mehl zum Abbinden dazugeben, damit die Konsistenz zähflüssig wird. Die Petersilie zerkleinern und unter die Teigmasse heben. Dann die Masse in das Huhn füllen. Die Öffnung mit einem Bindfaden schließen. Das Huhn in den Dutch Oven legen und mit dem restlichen Bier auffüllen. Bei offenem Dutch Oven das Huhn von allen Seiten 1,5 Stunden lang braten. Dann entnehmen und den Faden entfernen.

## Bestes Hack

Schwierigkeitsgrad
mittel
Verteilung der Kohlen
½ auf den Deckel und ½ unter den Topf.
Später alles unter den Topf.
Benötigt wird außerdem:
Ein Dutch Oven sowie eine Schüssel für die Vorbereitung.

### Zutaten für 4-6 Personen

- 750 g Gemisches Hackfleisch
- 100 g Speck
- 600 ml Brühe
- 1 Brötchen
- 2 Eier
- 2 Zwiebeln
- 2 EL Mehl
- 3 EL Schmand
- Majoran
- 2 EL Butter
- Petersilie
- Salz und Pfeffer

### Zubereitung

Das Hack in die Schüssel geben. Das Brötchen einweichen und zusammen mit den aufgeschlagenen Eiern in das Hack einkneten. Die Butter in den Dutch Oven geben und dann den gewürfelten Speck darin braten. Zwiebeln schälen und in Scheiben dazugeben. Jetzt die Zutaten aus dem Dutch Oven auch in das Hack einkneten. Mit Salz, Pfeffer und Majoran würzen. Das Hack in eine ovale Form bringen. In den Dutch Oven geben, der immer noch mit der Butter benetzt ist. Etwa 1,5 Tassen der Brühe über das Hack geben. Den Deckel auf den Dutch Oven legen. Eine halbe Stunde vor Ende der Garzeit von 90 Minuten noch mal Brühe aufgießen und dann den Deckel entfernt lassen. Das Hack nach dem Garvorgang entnehmen und auf dem Grill der Feuerschale warm halten. Die Brühe mit Mehl und Schmand andicken und zu einer leckeren Soße anbinden. Mit Salz und Pfeffer nochmals die Soße abschmecken. Serviert wird klassisch mit Petersilie.

# Marinierter Schmorfisch

Schwierigkeitsgrad:
mittel
Verteilung der Kohlen:
½ auf den Deckel und ½ unter den Topf.
Benötigt wird außerdem:
Ein Dutch Oven sowie eine Schüssel zur Vorbereitung der Marinade, Frischhaltefolie, ein Silikonpinsel zum Bestreichen und Alufolie.

## Zutaten für 4-6 Personen

- 1 kg Fisch
  (Filet ist am besten geeignet)
- 1 Zitrone
- 200 g Sahne
- 1 EL Speisestärke
- Senf
- 2 EL Butter
- Paprikapulver
- Olivenöl
- Salz

## Zubereitung

Die Zitrone halbieren und in die Schüssel entsaften. Den Zitronensaft mit Senf vermischen. Diese Marinade mit Paprikapulver und Salz würzen. Die Fischfilets mit der Marinade bestreichen. Dann in die Frischhaltefolie einlegen und 2 Stunden im Kühlschrank ziehen lassen. Den Fisch aus der Folie entfernen und in den leicht geölten Dutch Oven legen. Die Marinade an der Frischhaltefolie in den Dutch Oven ausstreichen. Die Butter in Flocken auf den Filets verteilen. Den Dutch Oven mit seinem Deckel schließen. Nach 30 Minuten Garzeit den Fisch aus dem Dutch Oven entnehmen und auf einer Alufolie auf dem Grillrost der Feuerschale warm halten. Im Dutch Oven mit der Speisestärke den Bratensaft zu einer Soße andicken und mit der Sahne verfeinern. Geschmacklich passen als Beilage sowohl Kartoffeln als auch Reis.

# Gebackener Pangasius

Schwierigkeitsgrad:
mittel
Verteilung der Kohlen:
1/3 unter den Topf, 2/3 auf den Deckel.
Benötigt wird außerdem:
Ein Dutch Oven.

## Zutaten

- 2,5 kg Pangasius-Filets
- 250 ml Weißwein
- 250 g frische Pilze
- 50 g Butter
- Paniermehl
- Petersilie
- 2 EL geriebener Gouda
- Salz und Pfeffer

## Zubereitung

Die Pangasius-Filets mit Butter einfetten. Die restliche Butter in den Dutch Oven geben und den Fisch darauf legen. Mit dem Wein begießen. Die geschnittenen Pilze sowie die gehackte Petersilie beigeben. Mit Salz und Pfeffer würzen. Jetzt auf die Fische das Paniermehl zusammen mit dem Gouda streuen und bei geschlossenem Dutch Oven noch etwa 30 Minuten backen. Dann den Deckel entfernen und noch einmal 10 Minuten garen lassen. Als Beilage passt Weißbrot sehr gut. Ein einfaches Fischgericht. Die Hitze sollte eher von oben kommen.

# Pichelsteiner Eintopf

Schwierigkeitsgrad:
leicht
Verteilung der Kohlen:
1/3 auf den Deckel und 2/3 unter den Topf.
Benötigt wird außerdem:
Ein Dutch Oven.

### Zutaten für 6 Personen

- 500 g Kartoffeln
- 500 g gemischtes Fleisch (Rind, Schwein, Hammel)
- 500 g Möhren
- 250 g Wirsing
- 200 ml Brühe
- 2 Zwiebeln
- 1 Bund Suppengemüse
- Majoran
- Olivenöl
- Salz und Pfeffer

### Zubereitung

Kartoffeln schälen und stückeln. Zwiebeln schälen und in Scheiben schneiden. Die Möhren putzen und in Scheiben schneiden. Den Wirsing putzen und ohne Strunk in Streifen schneiden. Das Bund Suppengemüse (Sellerie, Porree, Petersilie) putzen und zerkleinern. Das Fleisch in Stücke schneiden und im Dutch Oven zusammen mit Olivenöl und den Zwiebeln von allen Seiten anbraten (etwa 5 Minuten). Dabei mit Salz, Pfeffer und Majoran würzen. Nun Kartoffeln, Möhren und Wirsing sowie das Suppengemüse dazugeben. Die Brühe auffüllen und den Dutch Oven Deckel auflegen. Die Garzeit beträgt etwa 2 Stunden.

# Steckrübentopf

Schwierigkeitsgrad:
leicht
Verteilung der Kohlen:
2/3 auf den Deckel und 1/3 unter den Topf.
Benötigt wird außerdem:
Ein Dutch Oven.

### Zutaten für 6 Personen

- 500 g Steckrüben
- 500 g Schweinenacken
- 500 g Kartoffeln
- 500 ml Brühe
- 1 Zwiebel
- 1 Bund Petersilie
- Majoran
- 1 EL Butter
- Salz und Pfeffer

### Zubereitung

Das Fleisch in Würfel schneiden. Die Steckrüben und Kartoffeln putzen und würfeln. Die Zwiebel schälen und in grobe Scheiben schneiden. Diese Zutaten dann in den vorbereiteten Dutch Oven zusammen mit der Butter geben. Mit Salz, Pfeffer und Majoran würzen. Die Brühe aufgießen und die gehackte Petersilie draufstreuen. Den Dutch Oven schließen und für etwa 2 Stunden sanft garen lassen.

# Apfel-Wurst-Topf

Schwierigkeitsgrad:
leicht
Verteilung der Kohlen:
Unter den Topf.
Benötigt wird außerdem:
Ein Dutch Oven.

## Zutaten für 6 Personen

- 600 g Äpfel (eher sauer als süß)
- 4 Cabanossi
- 2 Zwiebeln
- 2 Dosen weiße Bohnen
- 250 g Tomatenmark
- 2 Paprika (rot)
- 1 Liter Brühe
- Öl
- Chili n.B.
- Salz und Pfeffer

## Zubereitung

Die Zwiebeln werden in Ringe geschnitten und im Öl angebraten. Nachdem sie glasig sind, werden Brühe und Bohnen hinzugegeben. Nun für etwa 10 Minuten köcheln lassen. Währenddessen die Äpfel und die Paprika grob würfeln. Dabei die Kerngehäuse der Äpfel entfernen. Äpfel und Paprika werden nun ebenfalls hineingegeben. Nach weiteren 5 Minuten kommen das Tomatenmark und die in Scheiben geschnittenen Cabanossi hinein. Gut umrühren, nach eigenem Geschmack mit Salz, Pfeffer und etwas Schärfe (Chili) verfeinern. Noch einmal aufkochen lassen und guten Appetit.

# Tomatensuppe

Schwierigkeitsgrad:
leicht
Verteilung der Kohlen:
2/3 unter den Topf, 1/3 auf den Deckel.
Benötigt wird außerdem:
Ein Dutch Oven.

## Zutaten

- 15 mittelgroße Tomaten
  (oder 2 Dosen Tomaten je 850g)
- frischer Basilikum
- 1 Zwiebel
- 1 Knoblauchzehe
- 1 EL Crème fraîche
- 2 EL Olivenöl
- 6 Scheiben Toastbrot
- Salz und Pfeffer

## Zubereitung

Zunächst die Zwiebel und den Knoblauch putzen und klein hacken. Dann mit dem Öl in den Dutch Oven geben und andünsten. Die Tomaten würfeln, in den Dutch Oven geben und umrühren. Nimmt man Tomaten aus Dosen, können diese ohne vorheriges würfeln hinein. Das Basilikum waschen und fein hacken. Zusammen mit Salz und Pfeffer hinzugeben. Abschmecken und ca. 10 Minuten kochen lassen. Etwas Crème fraîche dazugeben und verrühren. Verdunstet beim Kochen zu viel Flüssigkeit, so kann die Suppe mit Wasser wieder etwas gestreckt werden. Schließlich den Dutch Oven aus der Glut nehmen und nun im umgedrehten Deckel (fungiert als Pfanne) die Toast-Scheiben rösten. Servieren.

# Die Kümmel-Knolle

Schwierigkeitsgrad:
leicht
Verteilung der Kohlen:
2/3 der Kohle auf den Deckel und 1/3 unter den Topf. Später nur unter den Dutch Oven.
Benötigt wird außerdem:
Ein Dutch Oven.

## Zutaten für 4-6 Personen

- 800 g Kartoffeln
- 150 g geriebener Edamer
- Kräuter nach Belieben
- 2 EL Butter
- Kümmel
- Salz und Pfeffer

## Zubereitung

Die Kartoffeln schälen. Dann halbieren und im mit Butter behandelten Boden vom Dutch Oven aneinander legen. Mit dem geriebenen Käse bestreuen. Die Gewürze und Kräuter gleichmäßig darüber verteilen. Den Dutch Oven mit seinem Deckel verschließen und 45 Minuten so garen lassen. Dann noch mal 15 Minuten ohne Deckel garen lassen. Passend wäre Gemüse als Beilage.

# Exotische Kürbis-Mango-Suppe

Schwierigkeitsgrad:
leicht
Verteilung der Kohlen:
1/3 auf den Deckel und 2/3 unter den Topf.
Benötigt wird außerdem:
Ein Dutch Oven sowie ein Pürierstab.

## Zutaten für 4 Personen

- 1 kg Kürbis
- 1 Liter Gemüsebrühe
- 1 Dose Kokosmilch
- 4 nicht zu reife Mangos
- etwas Chili-Pulver
- Chili-Fäden (gibt es fertig im Glas zu kaufen)
- Salz und Pfeffer

## Zubereitung

Den Kürbis schälen, entkernen und in Würfel schneiden. Zusammen mit der Gemüsebrühe in den Dutch-Oven geben und etwa 30 Minuten kochen, bis der Kürbis weich ist.
Inzwischen die Mangos ebenfalls schälen, entkernen und in Würfel schneiden. Die Hälfte der Mango-Würfel beiseite stellen. Die andere Hälfte ebenfalls in den Dutch Oven geben und nochmals 10 Minuten weiter köcheln lassen. Kokosmilch dazugeben und mit Chili-Pulver würzen. Dann nach Geschmack nachsalzen. Mit dem Pürierstab zu einer glatten Suppe pürieren.

Die beiseite gestellten Mangowürfel auf die Teller verteilen, die Suppe darüber gießen und mit dem Chili-Fäden garnieren.
Tipp: Eine ungeschälte Mango lässt sich ganz einfach folgendermaßen bearbeiten: Links und rechts neben dem Kern senkrecht abschneiden. Wenn du die beiden Fruchthälften nun senkrecht und waagrecht über Kreuz einschneidest, kannst du die Schale quasi umstülpen und die Fruchtwürfel ohne Schwierigkeiten davon ablösen.

# Die Kräuter-Knolle

Schwierigkeitsgrad:
leicht
Verteilung der Kohlen:
2/3 auf den Deckel und 1/3 unter den Topf.
Benötigt wird außerdem:
Ein Dutch Oven.

## Zutaten für 6 Personen

- 1 Kg Kartoffeln
- 1 Bund Petersilie
- 500 ml Brühe
- 8 EL Olivenöl
- 2 Zwiebeln
- 1 Knoblauchzehe
- Salz und Pfeffer

## Zubereitung

Die Kartoffeln schälen und vierteln. Dann erst in dickere Scheiben schneiden. Im Dutch Oven mit dem Olivenöl von allen Seiten anbraten. Die Zwiebeln schälen und in Scheiben schneiden. Die Knoblauchzehe abziehen und fein hacken. Zwiebeln und Knoblauch dazugeben. Jetzt Salz und Pfeffer nach Belieben beigeben. Die Petersilie fein hacken und damit gleichmäßig bestreuen. Nun mit der Brühe begießen und den Deckel vom Dutch Oven schließen. Die Garzeit beträgt insgesamt etwa 1 Stunde.

# Roggenbrot mit Kümmel

Schwierigkeitsgrad:
leicht bis mittel
Verteilung der Kohlen:
1/3 unter den Topf, 2/3 auf den Deckel.
Benötigt wird außerdem:
Ein Dutch Oven sowie eine Rührschüssel
und Backpapier.

## Zutaten

- 950 g Roggenmehl
- 1 EL Honig
- 1 EL Salz
- 1 geh. EL Kümmel
- 1 Würfel Hefe (42 g)
- ca. 500 ml lauwarmes Wasser
- ca. 250 ml lauwarme Milch

## Zubereitung

Der Teig ist anzurühren. Dazu das Mehl in die Schüssel geben, Hefe, Honig, Salz und Kümmel hinzufügen und vermischen. Dann schluckweise das lauwarme Wasser und die Milch dazu gießen und die Masse zu einem Teig kneten. Den Teig bei warmer Raumtemperatur ca. 1 Stunde gehen lassen. Den Dutch Oven mit Backpapier auskleiden. Nun den Teig zu gleichgroßen Kugeln formen und in den Topf geben. Hier noch einmal etwa eine Stunde gehen lassen. Nun kann der Backvorgang gestartet werden. Der Dutch Oven kommt dazu auf die Kohle. Die Schwierigkeit beim Brotbacken liegt in der richtigen Verteilung der Hitze. Die Gefahr des Anbrennens kann man durch Vermeidung des direkten Kontaktes von Kohle am Topfboden verringern. Die meiste Hitze muss von oben kommen.
Die Backzeit beträgt ca. 50 Minuten. Das Brot lässt sich jetzt leicht aus dem Topf entnehmen. Vor dem Verzehr abkühlen lassen.

# Kernige Makronen

Schwierigkeitsgrad:
leicht
Verteilung der Kohlen:
2/3 auf den Deckel und 1/3 unter den Topf.
Benötigt wird außerdem:
Ein Dutch Oven sowie eine Schüssel zum Verrühren, ein Knethaken, 2 Löffel und Backpapier.

## Zutaten

- 250 g Sonnenblumenkerne
- 150 g brauner Zucker
- 100 g gehackte Mandeln
- 50 g gehackte Haselnüsse
- 50 g Kokosraspel
- 2 Eier

## Zubereitung

Die beiden Eier in die Schüssel schlagen und verquirlen. Nun die restlichen Zutaten hinzufügen und mit dem Knethaken vermengen. Wenn alles gut vermengt ist, das Backpapier im Dutch Oven auslegen. Mit den beiden Löffeln werden die Makronen geformt und auf dem Backpapier ausgelegt. Nun den Deckel schließen, Kohlen drauf und für etwa 10 Minuten backen. Achtung. Unten lieber eine Kohle weniger, damit die Makronen nicht anbrennen. Fertig.

Fotolia

# Pfanne

# Hamburger aus der Pfanne

Schwierigkeitsgrad:
mittel
Benötigt wird außerdem:
Eine Pfanne für die Feuerschale,
ein Wender sowie ein Pfannenknecht.

## Zutaten für 6 Personen

- 1000 g Rinderhackfleisch
- Salz und Pfeffer
- 6 Burger-Brötchen nach Wahl
- 2 Pck. Mozarella
- 1-2 Pck. Baconscheiben
- 1 Pck. Rucola
- 2 Fleischtomaten
- 1 Eisbergsalat
- Sonnenblumenöl

## Zubereitung

Das Hackfleisch mit Salz und Pfeffer gut abschmecken. Es darf gerne kräftig werden.
Den Mozarella und die Tomaten in Scheiben schneiden. Die Salate waschen.
Aus der Hackfleischmasse 6 gleichgroße Burger formen und einen nach dem anderen in die mit Öl vorgeheizte Pfanne geben.
Gleichzeitig mit jedem Burger die dazugehörigen Baconscheiben mit anbraten. Nachdem Bacon und Burgerfleisch aus der Pfanne genommen wurde, das halbierte Brötchen mit den Innenseiten nach unten in die Pfanne legen und anrösten.
Anschließend beginnend mit Eisbergsalat, Burgerfleisch, Mozarella, Tomate, Rucola und Bacon das Burger-Brötchen belegen.

# Waldpilzpfanne

Schwierigkeitsgrad:
mittel
Benötigt wird außerdem:
Eine Pfanne für die Feuerschale sowie ein Pfannenknecht.

### Zutaten für 4 Personen

- 2 bis 3 Kilogramm Waldpilze (1 großer Korb)
- 3 Zwiebeln
- 1 Becher Sahne
- 2 EL Butter
- 1 Bund Petersilie
- 2 Knoblauchzehen
- Salz und Pfeffer

optional: 300 Gramm Speck oder Jagdwurst

### Zubereitung

Wenn du etwas Erfahrung darin hast, kannst du die Pilze selbst im Wald sammeln. Das können (essbare) Pilze aller Art sein, zum Beispiel Maronen, Rotfußröhrlinge, Birkenpilze, Perlpilze oder Butterpilze. Wer Steinpilzstellen kennt und auch findet, landet einen Volltreffer, denn Steinpilze schmecken besonders fein. Zur Not kannst du deine Pilzmenge auch mit gekauften Champignons oder Pfifferlingen „verlängern“, aber diese haben kein so kräftiges Aroma wie Waldpilze. Die Pilze müssen nun geputzt werden, dabei kann gut und gerne die Hälfte ihres Gewichts verloren gehen, je nachdem wie wurmig die Pilze sind. Die Pfanne auf den Pfannenknecht in der Feuerschale stellen und darin Butter geben. Die gewürfelten Zwiebeln anschwitzen, je nach eigenem Geschmack auch klein geschnittenen Speck oder Jagdwurst dazu geben. Die geputzten Pilze in mundgerechte Stücke schneiden und in die Pfanne zugeben. Selbst bei heißer Glut werden die Pilze nun ordentlich Wasser ziehen. Umrühren, bis das Wasser verdunstet ist. Die Pilze brauchen etwa 20 bis 30 Minuten um gar zu werden und verlieren dabei ordentlich an Volumen. Sollte die Masse zu trocken werden, etwas Wasser zugeben. Am Ende die Sahne und die fein gehackte Petersilie zugeben, noch etwas reduzieren lassen und mit Salz, Pfeffer und Knoblauch (die Zehen schälen und fein hacken) abschmecken. Dazu schmeckt besonders gut am Feuer geröstetes Brot oder auch Nudeln und Rührei!

# Kasseler-Pfanne mit Rosenkohl

Schwierigkeitsgrad:
mittel
Benötigt wird außerdem:
Ein Feuerkessel mit Dreibein, ein Pfannenknecht die Pfanne sowie eine Schüssel für das Kasseler.

### Zutaten für 4 Personen

- 500 g Kasselerkotelett
- 500 g Rosenkohl
- 400 g kleine Kartoffeln
- 3 Zwiebeln
- 100 g Crème fraîche
- 4 EL Butter
- 1 Bund Schnittlauch
- Majoran
- Muskatnuss
- Salz und Pfeffer

### Zubereitung

Rosenkohl putzen und leicht einschneiden. Im F
erkessel am Dreibein über der Feuerschale in le
gesalzenem Wasser gar kochen. Die Kartoffeln schä
und stückeln. Sie folgen dem Rosenkohl 5 Minu
später in das Salzwasser. Rosenkohl und Kartof
mit Muskat nach Belieben würzen. Nach dem Gar
gang (etwa 20 Minuten für den Rosenkohl) abtrop
lassen und aufbewahren. Kasseler in Würfel schnei
Die Zwiebeln schälen und in Scheiben schneider
EL Butter in der Pfanne auf dem Pfannenkne
über der Feuerschale erhitzen. Darin das Kass
mit den Zwiebeln scharf anbraten (etwa 5 Mi
ten). Kasseler und Zwiebeln entnehmen und in ei
Schüssel aufbewahren. Noch einmal 2 EL Butter
die Pfanne geben und darin nun den Rosenkohl
die Kartoffeln anbraten. Nun wieder das Kass
und die Zwiebeln zurück in die Pfanne geben. J
würzt du mit Pfeffer und Majoran. Oben auf lässt
die Crème fraîche zerlaufen und garnierst mit et
Schnittlauch.

# Knackige Wurst-Kartoffel-Pfanne

Schwierigkeitsgrad:
leicht
Benötigt wird außerdem:
Eine Pfanne für die Feuerschale und ein Pfannenknecht sowie Küchenpapier.

## Zutaten für 4-6 Personen

- 6 Knacker (Mettwürstchen)
- 1 kg Kartoffeln
- 2 Stangen Porree (Lauch)
- 2 Zwiebeln
- 1/2 Tasse Gemüsebrühe
- 1/2 Bund Thymian
- 3 EL Öl
- Salz und Pfeffer

## Zubereitung

Die Knacker in Scheiben schneiden. Die Kartoffeln, den Porree und die Zwiebeln putzen bzw. schälen und in Scheiben schneiden. Die Pfanne in der Feuerschale auf den Pfannenknecht setzen und und vom Öl 2 EL in der Pfanne erhitzen. Jetzt die Kartoffeln in der Pfanne für etwa 10 Minuten braten, bis diese goldbraun werden. Dann aus der Pfanne nehmen und auf einem Küchenpapier zwischenlagern. Den verbliebenen EL Öl in die Pfanne geben und darin die Knacker scharf anbraten. Nun die Porreescheiben und Zwiebelscheiben hinzugeben und mit anbraten. Mit der Brühe die Pfanne ablöschen und für weitere 5 Minuten garen. In dieser Zeit kannst du den Thymian für die Pfanne vorbereiten. Also waschen und Blättchen vom Stiel trennen. Die Thymianblätter folgen sofort in die Pfanne. Jetzt schmeckst du noch mit Salz und Pfeffer ab. Nun erst kommen die gebraten Kartoffeln wieder in die Pfanne und werden nach dem Unterheben noch einmal kurz mit erhitzt. Fertig.

# Hähnchen-Gemüse-Pfanne

Schwierigkeitsgrad:
leicht
Benötigt wird außerdem:
Eine Pfanne für die Feuerschale
sowie ein Pfannenknecht.

## Zutaten für 6 Personen

- 1000 g Hähnchenbrustfilet
- 800 g Champignons
- 3 Zucchini
- 3 Paprikaschoten
- 300 g Schmand
- 4 Zwiebeln
- 3 Knoblauchzehen
- 4 EL Basilikum
- Öl
- Salz und Pfeffer

## Zubereitung

Das Hähnchenfleisch waschen und schneiden. Das Gemüse (Zucchini und Paprika) und die Pilze putzen und stückeln. Die Zwiebeln und die Knoblauchzehen schälen und würfeln. Die Pfanne auf dem Pfannenknecht in der Feuerschale erhitzen und etwas Öl hineingeben. Die Zwiebel- und Knoblauchwürfel darin angaren bis sie glasig aussehen. Dann die Hähnchenstücke dazugeben und von allen Seiten goldbraun braten. Nun erst das Gemüse in die Pfanne geben und alles zusammen so lange schmoren lassen, bis das Gemüse gar und noch etwas bissfest ist (ca. 15 Minuten). Jetzt folgen nur noch die Creme fraîche (unterrühren) und das Basilikum (verstreuen). Kurz in der Pfanne köcheln lassen und fertig ist die gemüsige Hähnchenpfanne.

# Kichernde Hack-Pfanne

Schwierigkeitsgrad:
mittel
Benötigt wird außerdem:
Eine Pfanne für die Feuerschale sowie ein Pfannenknecht. Außerdem ein Sieb und eine Schüssel für Mehl und Curry.

## Zutaten für 6 Personen

- 750 g gemischtes Hackfleisch
- 2 Dosen Kichererbsen (abgetropft je 265 ml)
- 500 g Möhren
- 450 ml Gemüsebrühe
- 6 EL Sahnejoghurt
- 2 Zwiebeln
- 3 Knoblauchzehen
- 1Bund Petersilie
- 1 EL Mehl
- 3 EL Curry
- 3 EL Olivenöl
- Salz und Pfeffer

## Zubereitung

Die Möhren, die Zwiebeln und die Knoblauchzehen schälen und in Scheiben schneiden. Das Olivenöl in die Pfanne geben und auf dem Pfannenknecht über der Feuerschale erhitzen. Darin das Hackfleisch etwa 5 Minuten anbraten. Dann die Zwiebeln und den Knoblauch dazugeben. Nach weiteren 5 Minuten das Hack herausnehmen. Jetzt in der Pfanne die Möhren ca. 5 Minuten anbraten. Das Mehl und das Curry zusammen vermengen und dann über der Pfanne gleichförmig verteilen. Mit der Brühe ablöschen. Alles ordentlich verrühren und noch einmal kurz aufkochen lassen. Nun die Erbsen abgießen. Das geht mit der nur wenig geöffneten Dose oder auch mit einem Sieb. Die Erbsen mit dem Jughurt und dem bereits gegarten Hack zurück in die Pfanne geben. Jetzt erst mit Salz und Pfeffer würzen. Noch einmal alles zusammen kurz erhitzen. Die Petersilie grob hacken und als Dekoration über der Pfanne verteilen.

# Leberkäsepfanne

Schwierigkeitsgrad:
leicht
Benötigt wird außerdem:
Eine Pfanne für die Feuerschale und einen Pfannenknecht.

## Zutaten für 4-6 Personen

- 600 g Leberkäse
- 200 g Champignons
- 3 Zwiebeln
- 425 g Mais
- 1 Paprikaschote
- 1 EL Butter
- 2 EL Tomatenmark
- 1 geh. EL Mehl
- 1 Tasse Fleischbrühe
- Paprika Edelsüß
- Salz und Pfeffer

## Zubereitung

Den Leberkäse schneidest du zunächst in Würfel. Dann die Pfanne auf den Pfannenknecht in die Feuerschale stellen und darin die Butter zerlaufen lassen. Darin den Leberkäse von allen Seiten anbraten. Die Zwiebeln schälen und schneiden und in die Pfanne folgen lassen. Die Paprikaschote entkernen und in Scheiben schneiden. Die Pilze putzen und schneiden. Paprikaschote und Pilze folgen nun auch in die Pfanne und werden darin angedünstet. Jetzt folgt das Tomatenmark. Gut verrühren. Nun das Mehl über der Pfanne stäuben und anschwitzen. Mit der Brühe löscht du die Pfanne dann ab. Es folgt der Mais (vorher abtropfen). Nach Hinzugabe des Mais mindestens 5 Minuten in der Pfanne garen lassen. Mit Salz, Pfeffer und Paprikapulver abschmecken.

# Ratatouille

Schwierigkeitsgrad:
leicht
Benötigt wird außerdem:
Eine Pfanne mit Pfannenknecht für die Feuerschale sowie eine Schüssel zum zwischenlagern.

## Zutaten

- 3 rote Paprikaschoten
- 3 Zucchini
- 2 kleine rote Zwiebeln
- 2 Auberginen
- ein paar Zweige Rosmarin
- 3 EL Tomatenmark
- 150 ml Wasser
- Olivenöl
- Salz und Pfeffer

## Zubereitung

Paprika, Zucchini und Zwiebeln in Würfel schneiden. Den Knoblauch in feine Scheiben schneiden, nicht pressen, sonst brennt er zu leicht an. Zuallerletzt die Aubergine würfeln, sie wird an der Luft schnell braun. Setze deine Pfanne auf den Pfannenknecht in der Schale und gib zwei bis drei EL Olivenöl hinein. Schwenke die Pfanne bis das Öl heiß ist.
Brate nun das Gemüse portionsweise an, zuerst die Zucchini, dann die Paprika, zuletzt die Aubergine zusammen mit gehacktem Rosmarin. Das gegarte Gemüse wird in einer Schüssel „zwischengelagert".
Zuletzt brätst du die Zwiebelwürfel an, gibst Tomatenmark und Wasser zu und lässt es etwas einkochen. Wenn die Zwiebelwürfel glasig sind, gibst du die anderen Gemüse zu und erwärmst kurz alles zusammen. Mit Salz und Pfeffer abschmecken.
Dazu schmeckt Baguette, gerne über der Glut geröstet oder Stockbrot vom Lagerfeuer. Auch gebackene Kartoffeln passen erstaunlich gut dazu. Ratatouille schmeckt allein als kleine Mahlzeit, ist aber auch eine wunderbare Beilage zu gegrilltem Fleisch und Fisch.

# Rührei mit Lachs aus der Pfanne

Schwierigkeitsgrad:
leicht
Benötigt wird außerdem:
Eine Pfanne für die Feuerschale sowie ein Pfannenknecht.

## Zutaten für 6 Personen

- 18 Eier
- 9 EL Milch
- 3 Scheiben Lachs
- Schnittlauch
- Öl
- Salz und Pfeffer

## Zubereitung

Zunächst die Eier aufschlagen und mit der Milch vermischen. Schon jetzt nach eigenem Geschmack mit Salz und Pfeffer würzen. Die Pfanne auf dem Pfannenknecht in der Feuerschale erhitzen und etwas Öl hineingeben. Den Lachs in grobe Stücke schneiden. Die gewürzten Milch-Eier in die Pfanne geben und nur kurz andicken lassen. Dann sofort den Lachs oben auf in der Pfanne verteilen. Ziel ist es, die Eier nicht zu sehr anzudicken und den Lachs nur leicht zu garen. Schon fertig, nur noch mit Schnittlauch servieren.

# Texanisches aus der Pfanne

Schwierigkeitsgrad:
leicht
Benötigt wird außerdem:
Eine Pfanne für die Feuerschale sowie ein Pfannenknecht. Außerdem eine Schüssel, um das Fleisch zwischenlagern zu können.

## Zutaten

- 600 g Rinderfilet
- 200 g Schweineschnitzel
- 1,5 kg Kartoffeln
- 250 g Gouda
- 2 Zwiebeln
- 2 rote Paprikaschoten
- 250 g Schmand
- 1 Bund Petersilie
- 3 EL Öl
- Chilipulver
- Salz und Pfeffer

## Zubereitung

Fleisch in Stücke schneiden. Kartoffeln putzen und vierteln. Den Pfannenknecht in die Feuerschale geben und darauf die Pfanne mit dem Öl erhitzen. Darin das Fleisch von jeder Seite 3 Minuten braten. Mit Salz und Pfeffer abschmecken. Das Fleisch aus der Pfanne nehmen und beiseite stellen. Jetzt die vorbereiteten Kartoffeln für maximal 15 Minuten braun braten. Nebenher kannst du gut schon die Zwiebeln schälen. Diese dann genauso wie die Paprika würfeln. Beide Zutaten folgen den Kartoffeln 5 Minuten vor dem Ende der Garzeit der Kartoffeln. Nun noch mit Salz und Pfeffer abschmecken. Zusätzlich nach Belieben mit Chilipulver schärfen. Am Ende das Fleisch unterheben und mit Schmand bedecken. Darauf den geriebenen Gauda verteilen und schmelzen lassen. So noch etwa 20 Minuten kochen lassen. Zum Ende die Temperatur etwas reduzieren. Anschließend mit fein gehakter Petersilie aus der heißen Pfanne servieren.

# Frikadellen

Schwierigkeitsgrad:
leicht
Benötigt wird außerdem:
Eine Pfanne und ein Pfannenknecht für die Ffeuerschale. Eine Schüssel.

## Zutaten

- 750 g gemischtes Hackfleisch
- 5 Eier
- 3 Brötchen
- 1 Bund Petersilie
- 3 Zwiebeln
- 3 EL mittelscharfer Senf
- Öl
- Salz und Pfeffer

## Zubereitung

Zuerst schneidest du die Brötchen in kleine Würfel. Die Eier schlägst du auf und verrührst sie in der Schüssel. Dann gibst du sie über die Brötchenstückchen und lässt sie einziehen. Jetzt wird die Petersilie gewaschen, abgetrocknet und gehackt. Die Zwiebeln würfelst du fein. Nun die Pfanne über der Feuerschale auf dem Pfannenknecht erhitzen. Darin dann die Zwiebeln in ein wenig Öl glasig dünsten. Das Hackfleisch, die Zwiebeln, die Petersilie, die eingezogenen Ei-Brötchen und 3 EL Senf in die Schüssel geben und alles ordentlich miteinander vermengen. Jetzt kannst du nach Belieben mit Salz und Pfeffer würzen und abschmecken. Nun kannst du aus der Menge 12 bis 15 Frikadellen formen. Die bereits erwärmte Pfanne erhält noch einmal etwas Öl und dann kannst du die Frikadellen von jeder Seite etwa 6 Minuten braten, bis sie goldbraun aussehen. Klassisch reicht man diese mit Kartoffelsalat.

# Zucchini-Tomaten-Feta-Pfanne

Schwierigkeitsgrad:
leicht
Benötigt wird außerdem:
Eine Pfanne für die Feuerschale sowie ein Pfannenknecht.

## Zutaten

- 3 große Zucchini
- 10 Tomaten
- 300 g Feta-Käse
- 6 EL Olivenöl
- 1 Bund Basilikum
- Salz und Pfeffer

## Zubereitung

Die Zucchini längsseitig halbieren. Dann in Scheiben schneiden. Die Pfanne (am besten eine aus Gusseisen) auf den Pfannenknecht in der Feuerschale stellen und darin das Olivenöl erhitzen. Dann die Zucchinischeiben etwa 5 Minuten anbraten. Zwischendurch wenden. Die Tomaten stückeln. Dann in die Pfanne geben und für etwa 3 Minuten weiter garen. Basilikum waschen und die Blätter von den Stängeln trennen. Diese Blätter in die Pfanne geben und mit Salz und Pfeffer würzen. Den Feta würfeln und in die Pfanne geben. Sogleich die Pfanne aus der Feuerschale nehmen. Die Hitze der gusseisernen Pfanne reicht nun aus, um den Käse zu schmelzen. Zusammen mit dem Saft der Tomaten ergibt er beim Umrühren nun eine leckere cremige Soße.

# Rotbarsch in Broccoli-Pfanne

Schwierigkeitsgrad:
mittel
Benötigt wird außerdem:
Ein Feuerkessel mit Dreibein für den Reis und den Broccoli. Eine Pfanne für die Feuerschale sowie ein Pfannenknecht.

## Zutaten für 4 Personen

- 600 g Rotbarsch
- 800 g Broccoli
- 200 g Reis
- 1 Zitrone
- 2 Zwiebeln
- 3 Knoblauchzehen
- 3 Tomaten
- 5 TL Öl
- Salz und Pfeffer

## Zubereitung

Den Feuerkessel im Dreibein über der Feuerschale einhängen und darin den Reis in leicht kochendem Salzwasser 25 Minuten ausquellen lassen. Den Fisch in Stücke schneiden. Die Zitrone halbieren und über dem Fischfleisch den Zitronensaft ausdrücken. Vom Broccoli die Stiele abtrennen und die Röschen nach Entnahme des Reis im Salzwasser für 7 Minuten dünsten (wir verwenden dazu einfach das Wasser vom Reiskochen). Die Zwiebeln und den Knoblauch schälen und würfeln. Die Tomaten in Scheiben schneiden. Nun den Pfannenknecht in der Feuerschale positionieren und die Pfanne darauf erhitzen. Das Öl in die Pfanne geben und darin die Zwiebeln und den Knoblauch andünsten. Dann den Fisch hinzufügen und etwa 7 Minuten braten. Würzen mit Salz und Pfeffer nach eigenem Geschmack. Jetzt dürfte der Broccoli fertig sein. Abgießen und zusammen mit dem Reis unter den Fisch in der Pfanne heben. Alles zusammen noch einmal in der Pfanne erhitzen und zum Schluß mit Salz und Pfeffer abschmecken.

Fotolia

# Champignon-Pfanne mit Kohlrabi

Schwierigkeitsgrad:
leicht
Benötigt wird außerdem:
Eine Pfanne für die Feuerschale sowie ein Pfannennenknecht und eine Schüssel zum Aufbewahren des Kohlrabi.

## Zutaten für 4 Personen

- 400 g Champignons
- 4 Kohlrabi
- 2 Zwiebeln
- 1 Packung Schmelzkäse (200 g)
- 1 Becher Schmand (200 g)
- ½ Tasse Gemüsebrühe
- 3 TL Olivenöl
- Salz und Pfeffer

## Zubereitung

Den Kohlrabi schälen und stiften. Die Zwiebeln schälen und in Ringe schneiden. Die Pilze putzen und in Scheiben schneiden. Den Kohlrabi in der Pfanne auf dem Pfannenknecht über der Feuerschale mit etwas Wasser und der Gemüsebrühe dünsten. Den Kohlrabi sobald er bissfest ist aus der Pfanne nehmen und in einer Schüssel aufbewahren. In die Pfanne etwas Öl zugeben und die Zwiebelringe glasig garen. Sobald sie dies sind, folgen die Champignons. Sie werden rührend angebraten. Mittlerweile hat sich aus diesen Zutaten eine etwas wässrige Flüssigkeit gebildet. Diese wird jetzt mit dem Schmelzkäse angedickt. Gut in der Pfanne rühren und noch mit dem Schmand verfeinern. Den aufbewahrten Kohlrabi untermischen. Mit Salz und Pfeffer abschmecken. Sehr gut passt ein frisches Brot dazu.

# Pfanne voll Fleisch

Schwierigkeitsgrad:
leicht
Benötigt wird außerdem:
Eine Pfanne für die Feuerschale sowie ein Pfannenknechtknecht.

## Zutaten für 4 Personen

- 1 kg Schweinenacken
- 2 Zwiebeln
- 1 rote Paprika
- 1 grüne Paprika
- 1 Bund Petersilie
- Olivenöl
- Paprikapulver
- Salz und Pfeffer

## Zubereitung

Fleisch in Stücke schneiden. Die Pfanne auf dem Pfannenknecht in der Feuerschale erhitzen. Mit reichlich Wasser füllen und darin das Fleisch kochen bis es gar ist (etwa 20 Minuten). Das meiste Wasser verdunstet in dieser Zeit. Den Rest abgießen. Jetzt Olivenöl hineingeben, nicht zu sparsam. Zwischenzeitlich die Zwiebeln und Paprika putzen und würfeln. Die Petersilie wird gehackt. Die Zwiebeln, Paprika und Petersilie zum Fleisch in die Pfanne geben. In dem Öl wird nun alles scharf angebraten. Würze mit Salz, Pfeffer und Paprikapulver nach Belieben. Sobald das Fleisch braun gebraten ist, kannst du das Pfannengericht heiß aus der Pfanne servieren.

# Maul voll Taschen

Schwierigkeitsgrad:
leicht
Benötigt wird außerdem:
Eine Pfanne für die Feuerschale
sowie ein Pfannenknecht.

## Zutaten für 4 Personen

- 10 Maultaschen
- 2 rote Paprikaschoten
- 1 Zucchini
- 3 EL Öl
- 6 EL Tomatenmark
- 1 kleine Tasse Gemüsebrühe
- 2 EL Schmand
- Majoran
- Salz und Pfeffer

## Zubereitung

Die Pfanne auf dem Pfannenknecht in der Feuerschale erhitzen. Die Maultaschen, Paprika und Zucchini würfeln. Das Öl in die Pfanne geben und die gewürfelten Zutaten in der Pfanne anbraten. Mit der Gemüsebrühe ablöschen. Dann das Tomatenmark unterrühren. Mit Majoran, Salz und Pfeffer würzen. Den Schmand unterrühren und noch einmal aufkochen lassen. Servieren solltest du am besten aus der heißen Pfanne.

Fotolia

# Gemüse-Fleisch-Pfanne

Schwierigkeitsgrad:
leicht
Benötigt wird außerdem:
Eine Pfanne für die Feuerschale
sowie ein Pfannenknecht.

## Zutaten für 4 Personen

- 800 g Schweinerücken
- 3 EL Gyrosgewürzmischung
- 3 Zwiebeln
- 2 Paprikaschoten (rot)
- 400 g Mais
- 300 ml Gemüsebrühe
- 6 Tomaten
- 5 EL Öl
- Salz und Pfeffer

## Zubereitung

Die Zwiebeln in Ringe schneiden. Die Paprika in Streifen schneiden. Die Tomaten zu Scheiben verarbeiten. Das Fleisch stiften. Dazu erst in dicke Scheiben schneiden und dann noch mal in Streifen schneiden. In der Pfanne im Öl anbraten. Dazu bereits mit der Gewürzmischung verfeinern. Die Zwiebeln dazu geben und anbraten. Die übrigen Zutaten (bis auf die Gemüsebrühe) in die Pfanne geben und leicht garen. Dann mit der Gemüsebrühe ablöschen. Mit Salz und Pfeffer abschmecken. Als Sättigungsbeilage passt Weißbrot sehr gut dazu.

# Bannock-Brot

Schwierigkeitsgrad:
mittel
Benötigt wird außerdem:
Eine Pfanne und ein Pfannenknecht
für die Feuerschale.

## Zutaten für 6 Persone

- 300 g Mehl
- 250 ml Wasser
- 2 EL Backpulver
- 1 TL Salz
- 40 ml Rapsöl

## Zubereitung

Die Zutaten gut miteinander vermengen und mehrere Minunten lang verkneten. Den Teig kannst du in ca. 6 Stücke teilen und diese zu fingerdicken Fladen verarbeiten. Die Brotfladen werden jetzt in der heißen, mit Öl eingefetten Pfanne, auf beiden Seiten goldbraun gebacken.

Zum Verfeinern kannst du die schmackhaften Samen von Anis, Fenchel, Kümmel oder Sonnenblumenkernen mit unter den Teig mischen. Aber auch die kräftige Geschmacksvariante mit Knoblauch oder Zwiebeln empfehlen wir dir. Bannock-Brot passt als Beilage zu allen Gerichten, bei denen Brot gereicht werden kann.

# Fladenbrot aus der Gusseisen-Pfanne

Schwierigkeitsgrad:
mittel
Benötigt wird außerdem:
Eine gusseiserne Pfanne und ein Pfannenknecht.

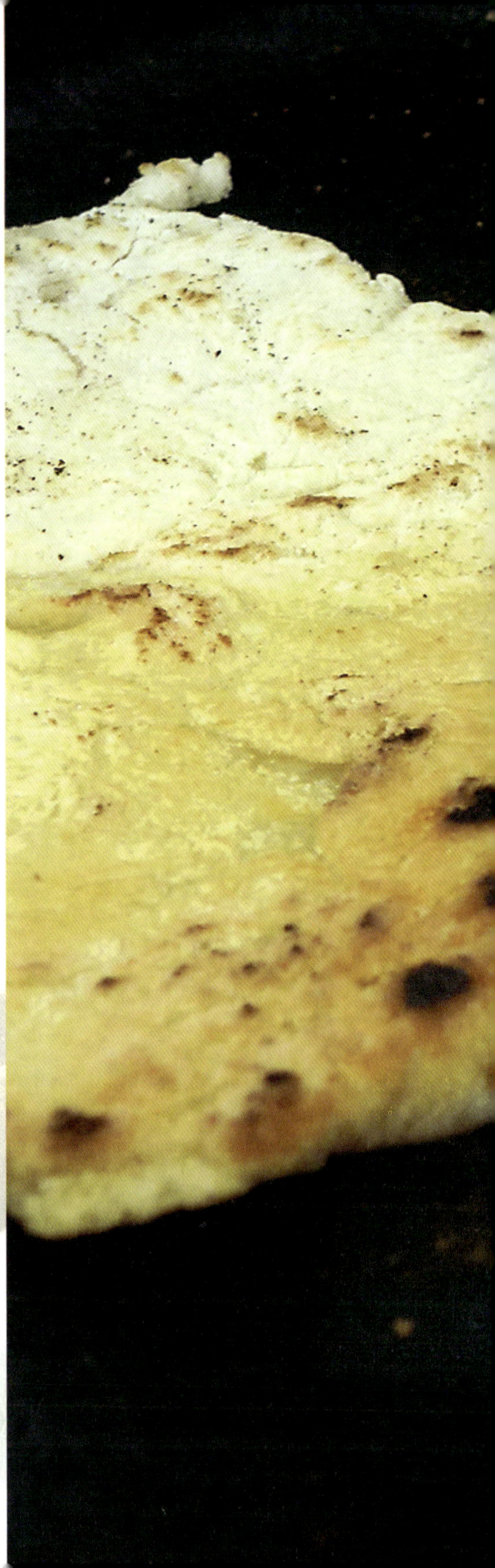

## Zutaten für 6 Persone

- 100 g Dinkelmehl
- 100 g Weizenmehl
- 2 EL Öl
- 1 TL Salz
- lauwarmes Wasser

## Zubereitung

Vermische Mehl und Salz in einer Schüssel gut miteinander. Nun gib das Öl und etwas von dem Wasser hinzu und rühre das Ganze kräftig durch. Nach und nach musst du nun so viel Wasser hinzugeben, dass der Teig geschmeidig wird. Dann lasse alles 10 Minuten ruhen und teile es hinterher in 12 Stücke. Die Teigstücke werden jetzt ca. 2 bis 3 mm dick zu dünnen Kreisen ausgerollt. Benutze hierfür Mehl. An deinen Händen und auf der Arbeitsfläche. Ansonsten klebt dir der Teig an den Fingern fest. Dann backst du sie in der heißen, ungeölten Pfanne, von beiden Seiten. Das Fladenbrot ist fast fertig, wenn es sich kurz wie ein Kissen aufbläht. Anschließend wird das Brot gewendet. Wenn der Fladen endgültig in sich zusammengefallen ist, lässt er sich verzehren. Natürlich kannst du das Brot auch auf Vorrat backen.
Den Brotteig kannst du im Kühlschrank problemlos für ein oder zwei Wochen frisch halten. Dazu wickle ihn einfach luftdicht in etwas Frischhaltefolie ein.
Die Zubereitung des Brotes über der Glut ist seit vielen Jahrhunderten gleich geblieben. In Indien benutzt man es übrigens zusammengerollt als essbaren Löffel.

Feuerkessel

# Gulaschsuppe

Schwierigkeitsgrad:
leicht
Benötigt wird außerdem:
Ein Feuerkessel mit Dreibein sowie ein Pürierstab für die Tomaten.

## Zutaten für 6 Personen

- 600 g Rindfleisch
- 500 g Kartoffeln
- 10 Zwiebeln
- 100 g Butter
- 500 g Tomaten
- 100 ml Glas Rotwein
- 1200 ml Rinderbrühe
- 3 Zehen Knoblauch
- 2 Paprika
- 2 Möhren
- 3 Lorbeerblätter
- 200 g saure Sahne
- Gewürze
  (2 EL Paprika edelsüß, 1 EL Majoran)
- 1 EL Salz

## Zubereitung

Das Rindfleisch in etwa 2 x 2 cm große Stücke schneiden. Die Zwiebeln würfeln. Die beiden Paprika in Streifen schneiden, die Möhren in Scheiben. Den Knoblauch hacken. Den Feuerkessel über der Feuerschale in das Dreibein einhängen und die Zwiebeln in der Butter anbraten. Die Tomaten stückeln und pürieren. Ein Fünftel davon in den Feuerkessel geben. Jetzt die Gewürze dazu geben. Mit dem Rotwein ablöschen. Nun die Brühe, den Knoblauch, die Paprikastreifen, die Möhren und das restliche Tomatenpüree in den Feuerkessel geben. Alles gut verrühren und dann darauf die Lorbeerblätter legen. Nun für eine Stunde über dem Feuer bei geschlossenem Feuerkessel köcheln lassen. Zwischenzeitlich die Kartoffeln schälen und stückeln. Dann in den Feuerkessel geben und 30 Minuten kochen lassen. Zum Schluss die saure Sahne in die Suppe einrühren. Fertig ist die Suppe. Am besten heiß servieren.

Fotolia

# Kartoffelsuppe

Schwierigkeitsgrad:
leicht
Benötigt wird außerdem:
Ein Feuerkessel mit Dreibein sowie eine Passiermühle.

## Zutaten für 6 Personen

- 1,5 kg Kartoffeln
- 6 Paar Wiener Würstchen
- 6 Möhren
- 1 Bund Suppengrün
- 2 Liter Gemüsebrühe

## Zubereitung

Die Kartoffeln und die Möhren putzen und klein schneiden. Das Suppengrün putzen und schneiden. Den Feuerkessel über der Feuerschale in das Dreibein einhängen. Die Gemüsebrühe und die Zutaten in den Feuerkessel geben. Es braucht so viel Brühe, dass das Gemüse vollständig bedeckt ist. Etwa 25 Minuten kochen lassen. Nun alles durch die Passiermühle drehen. Mit Salz abschmecken. Zum Schluss folgen die in Scheiben geschnittenen Wiener in die Suppe und werden noch einmal darin erwärmt.

# Schinkenbraten

Schwierigkeitsgrad:
mittel
Benötigt wird außerdem:
Ein Feuerkessel. Ein Teller zum zwischenlagern.

## Zutaten

- Zutaten
- 1,5 kg Schweinerollbraten
- 6 rote Zwiebeln
- 2 EL Thymianblättchen
- 200 ml Weißwein
- 250 ml Hühnerbrühe
- 10 Stangen Sellerie
- 200 g Frischkäse
- 100 g Butter
- 3 EL Mehl
- Salz und Pfeffer

## Zubereitung

Die Hälfte der Butter im Feuerkessel erhitzen. Das Fleisch hinzufügen und für etwa 5-10 Minuten von allen Seiten anbraten. Danach auf einem Teller zur Seite legen. Nun die gehackten Zwiebeln anbraten, bis sie glasig sind. Im Anschluss die Thymianblättchen hinzufügen. Nun kommt das Fleisch zurück in den Topf. Der Weißwein und die Brühe werden hineingegossen. Mit Salz und Pfeffer abschmecken und für etwa 30 Minuten köcheln lassen. Nach dieser Zeit wird der Braten einmal gewendet. Mit dem in Scheiben geschnittenen Sellerie den Braten bedecken und für weitere 30-40 Minuten köcheln lassen. Wenn der Braten durch ist, wird er aus dem Topf genommen. Der Sellerie kommt mit auf den Teller. Im Anschluss werden das Mehl und die restliche Butter hinzugefügt. So ensteht in den Resten des Topfes eine leckere Sauce. Nach einem ersten Aufköcheln wird der Frischkäse eingerührt. Noch einmal kurz erhitzen, fertig. Braten in Scheiben schneiden, Sellerie und Sauce darauf. Guten Appetit.

# Paprika-Schwein

Schwierigkeitsgrad:
leicht
Benötigt wird außerdem:
Ein Feuerkessel und eine Schüssel.

## Zutaten

- 1 kg Schweinefilet
- 1 Paprika
- 2 EL Paprika Edelsüß
- 2 Zwiebeln
- 500 ml Hühnerbrühe
- 200 g Champignons
- 250 g saure Sahne
- 2 EL Mehl
- 40 g Butter
- 5 EL trockener Weißwein
- Öl
- Salz und Pfeffer

## Zubereitung

Das Schweinefilet in etwa 3x3 cm große Stücke schneiden. Im Feuerkessel die Butter und etwas Öl erhitzen und das Fleisch darin anbraten. Wenn es rundum gebräunt ist, in einer Schüssel beiseite stellen. In dem noch fettigen Kessel die gewürfelten Zwiebeln anbraten bis sie glasig sind. Paprika-Pulver und Mehl einstreuen. Unter stetem Rühren etwa 2-3 Minuten anschwitzen. Nun die Brühe dazu gießen und zum Kochen bringen. Anschließend das Fleisch hineingeben, die gewürfelte Paprika, die in Scheiben geschnittenen Pilze sowie den Weißwein. Mit Salz und Pfeffer abschmecken und etwa 20 Minuten köcheln lassen. Nun die saure Sahne einrühren, noch einmal kurz erhitzen und servieren.

# Marokkanisches Lammfleisch

Schwierigkeitsgrad:
mittel
Benötigt wird außerdem:
Ein Feuerkessel, 2 Schüsseln zum zwischenlagern.

## Zutaten

- 750 g Lammkeule
- 15 weiche Backpflaumen
- 10 Schalotten
- 700 ml Hühnerbrühe
- 2 EL flüssiger Honig
- 2 TL Zimt
- Je einen gestrichenen TL Ingwerpulver, Muskatnuss, Safran
- 2 Orangen
- Öl
- Salz und Pfeffer

## Zubereitung

Zunächst die Lammkeule entbeinen und in etwa 2x2 cm große Stücke würfeln. Nun etwas Öl im Feuerkessel erhitzen und die Fleischstücke einige Minuten anbraten. Sind sie rundum etwas angebräunt, das Fleisch in einer Schüssel zwischenlagern. Als nächstes werden die enthäuteten Schalotten in etwas Öl angedünstet, bis sie glasig sind (etwa 10 Minuten). Danach kommen sie in die zweite Schüssel. In den Feuerkessel kommt nun die Brühe und wird zum Kochen gebracht. Nun dürfen die Fleischstücke wieder dazu. Es ist nun auch Zeit für die Gewürze: Zimt, Ingwerpulver, geriebene Muskatnuss und die zerstoßenen Safranfäden (oder das Safranpulver) kommen dazu, genauso wie der Honig. Zum Schluss noch mit Salz und Pfeffer abschmecken. Der Lammfleischtopf kann nun für etwa 20 Minuten köcheln, am besten abgedeckt mit einem Deckel. Nach den 20 Minuten kommen die Schalotten in den Topf sowie die abgeriebene Schale der Orangen. Nach weiteren 40 Minuten Köcheln mit geschlossenem Deckel werden die Pflaumen untergehoben. Abschließend noch einmal für 15 Minuten köcheln lassen und dann ist es geschafft. Guten Appetit.

# Amerikanisches Hähnchen

Schwierigkeitsgrad:
leicht
Benötigt wird außerdem:
Ein Feuerkessel mit Dreibein für die Feuerschale und ein Teller.

## Zutaten

- 1 kg Hähnchenbrustfilet
- 500 g gehackte Tomaten
- 400 ml Hühnerbrühe
- 2 Zwiebeln
- 3 Stangen Sellerie
- 1 Paprika (grün)
- 3 Knoblauchzehen
- 2 EL Mehl
- 1 EL Thymianblättchen
- nach Geschmack Chilli-Flocken
- Öl
- Salz und Pfeffer

## Zubereitung

Das Öl im Feuerkessel über der Feuerschale erhitzen, die Hähnchenbrustfilets hineingeben und etwa 5-10 Minuten von allen Seiten anbraten. Im Anschluss auf einem Teller beiseite stellen. Nun das Mehl in das restliche Öl des Feuerkessels geben und etwa 5-10 Minuten lang anschwitzen. Dabei ständig umrühren, damit das Mehl nicht anbrennt. Nun kommen die gehackten Zwiebeln, die in Scheiben geschnittenen Stangen Sellerie sowie die gewürfelte Paprika dazu. Für ein bis zwei Minuten dünsten. Danach den klein gehackten Knoblauch, die Thymianblättchen sowie nach Geschmack Chilli-Flocken dazugeben. Nach einmal durchrühren folgen die gehackten Tomaten sowie die Brühe. Jetzt erst kommen die Hähnchenbrustfielets zurück in den Feuerkessel. Dieser wird zugedeckt, das Gericht soll nun 40-50 Minuten köcheln. Am Ende noch einmal mit Salz und Pfeffer abschmecken, fertig.

# Hühnersuppe

Schwierigkeitsgrad:
leicht
Benötigt wird außerdem:
Ein Feuerkessel mit Dreibein für die Feuerschale.

## Zutaten

- 6 Hähnchenschenkel
- 1,5 Liter Hühnerbrühe
- 2 Zwiebeln
- 2 Möhren
- 2 Stangen Porree (Lauch)
- 100 g Langkornreis
- 50 g Butter
- 2 EL gehackte Petersilie
- Salz und Pfeffer

## Zubereitung

Die Butter im Feuerkessel erhitzen und die gehackten Zwiebeln, Möhren und in Scheiben geschnittenen Lauchstangen hinzugeben. Nachdem diese angedünstet sind, kommen die entbeinten, gehäuteten und gewürfelten Hähnchenschenkel dazu. Für etwa 2-3 Minuten schmoren. Den Reis hinein geben und für etwa 1 Minute mitdünsten. Dabei umrühren. Jetzt kommt die Brühe dazu. Einmal zum Kochen bringen und im Anschluss etwa 15-20 Minuten köcheln lassen. Zum Schluss kommt die Petersilie dazu und es wird mit Salz und Pfeffer abgeschmeckt. Eine herzhafte Suppe, zu der hervorragend helles Brot als Beilage passt.

# Hack-Gemüse-Eintopf

Schwierigkeitsgrad:
leicht
Benötigt wird außerdem:
Feuerkessel mit Dreibein.

## Zutaten für 6 Personen

- 500 g gemischtes Hack
- 1 kg Tomaten
- 8 Kartoffeln
- 8 Möhren
- 3 Zwiebeln
- 1 Paprikaschote
- 1 Stange Porree
- 800 ml Gemüsebrühe
- 3 Knoblauchzehen
- 1 EL gemischte Kräuter (z.B. Majoran und Oregano)
- 3 EL Olivenöl
- 1 Bund Petersilie
- Salz und Pfeffer

## Zubereitung

Den Feuerkessel am Dreibein über der Feuerschale aufstellen. Darin die geschälten und gewürfelten Zwiebeln mit dem Olivenöl anbraten. Das Hack dazugeben, anbraten und daraufhin mit der Brühe ablöschen. Die Kartoffeln schälen und würfeln. Die Tomaten klein schneiden. Kartoffeln und Tomaten nun dazu geben und kochen. Den Knoblauch pressen und zusammen mit dem Pfeffer und den Kräutern in den Feuerkessel geben. Eine viertel Stunde leicht kochen lassen. Nebenher die Möhren putzen und in Scheiben schneiden und nach der Zeit in den Feuerkessel geben. Nun die Paprika würfeln und den Porree putzen und in Streifen schneiden. Beides folgt den Möhren etwa 10 Minuten später. Mit Salz abschmecken. Nach einer Kochzeit von etwa 45 Minuten kann mit der Petersilie dekoriert serviert werden.

# Herbstliche Schwammerlsuppe

Schwierigkeitsgrad:
mittel
Benötigt wird außerdem:
Ein Feuerkessel am Dreibein für die Feuerschale.

### Zutaten für 6 Personen

- 1 kg Schwammerl (Champignons, Steinpilze, Maronen, Pfifferlinge oder andere Waldpilze)
- 1200 ml Gemüsebrühe
- 350 ml Creme Fraîche
- 4 Zwiebeln
- 4 Knoblauchzehen
- 6 EL Mehl
- 2–3 EL Butter
- 150 ml Weißwein
- 3 EL Petersilie, fein gehackt
- Salz und Pfeffe

### Zubereitung

Die Schwammerl putzen und in mundgerechte Stücke oder Scheiben schneiden. Die Zwiebeln würfeln und die Knoblauchzehen kleinhacken. Butter in den Feuerkessel über der Feuerrschale geben und erhitzen, die Zwiebelwürfel und den Knoblauch darin glasig anschwitzen lassen. Die Schwammerl dazugeben und dünsten. Dabei ständig wenden.
Nach einer kurzen Weile mit dem Mehl bestäuben und vorsichtig mit der Brühe und dem Weißwein angießen. Dabei beständig rühren, bis eine gebundene Flüssigkeit entstanden ist. Etwa 20 Minuten bei leichter Hitze (etwas weiter vom Feuer entfernt; Dreibeinaufhängung verkürzen) köcheln lassen. Gelegentlich umrühren, um ein Anbrennen zu vermeiden. Petersilie zugeben und mit Creme Fraîche binden. Nochmals einige Minuten weiterköcheln lassen. Zum Schluss die Schwammerlsuppe kräftig mit Salz und Pfeffer abschmecken. Heiß servieren. Gern kann dazu außerdem noch ein frisch aufgebackenes Baguette vom Grillrost der Feuerschale gereicht werden.

# Kürbis-Möhrensuppe

Schwierigkeitsgrad:
leicht
Benötigt wird außerdem:
Ein Feuerkessel mit Dreibein sowie ein Pürierstab.

### Zutaten für 4-6 Personen

- 900 g Kürbis
- 300 g Möhren
- 2 Zwiebeln
- 200 ml Weißwein
- 600 ml Gemüsebrühe
- 400 ml Sahne
- 1 Zitrone
- 1 Bund Basilikum
- 1 Prise Zucker
- 2 EL Butter
- Chili-Flocken n.B.
- Salz und Pfeffer

### Zubereitung

Die Zwiebeln enthäuten und fein würfeln. Den Feuerkessel am Dreibein über der Feuerschale anwärmen und darin die Zwiebeln in der Butter anschwitzen. Nun die Möhren schälen und schneiden und den Kürbis putzen und würfeln und beides zusammen im Feuerkessel anschwitzen. Den Weißwein zum Ablöschen verwenden. Nun alles zusammen 10 Minuten kochen lassen. Jetzt die Gemüsebrühe einbringen. Salzen und weitere 20 Minuten im Feuerkessel kochen lassen. Erst jetzt mit der Sahne verfeinern und mit dem Pürierstab fein im Feuerkessel pürieren (der kann dazu von der Feuerschale abgenommen werden, so dass man einen üblichen Pürierstab verwenden kann). Mit Zucker abschmecken und nach Belieben Zitronensaft hinzugeben. Nach eigenem Geschmack Pfeffer und Chili-Flocken dazu geben. Zum Anrichten dekorativ die Basilikumblätter verwenden.

# Minestrone

Schwierigkeitsgrad:
leicht
Benötigt wird außerdem:
Ein Feuerkessel mit Dreibein.

## Zutaten

- 4 Kartoffeln
- 4 Zwiebeln
- 3 Möhren
- 1 Stange Staudensellerie
- 1 Zucchini
- 100 g grüne Bohnen
- 100 g Butter
- 50 g Speck
- 1500 ml Gemüsebrühe
- 2 Tomaten
- 1 Bund Basilikum
- 3 Knoblauchzehen
- 100 g Parmesan
- 100 g Spaghetti
- Öl
- Salz und Pfeffer

## Zubereitung

Zwiebeln, Möhren, Knoblauch, Kartoffeln, Sellerie, Zucchini und Bohnen putzen und klein schneiden. Den Feuerkessel leicht mit Öl einreiben. Dann über der Feuerschale in das Dreibein einhängen und darin die Butter zerlassen. Den Speck klein gewürfelt anbraten. Darin den Knoblauch und die Zwiebeln kurz anbraten. Es folgen die Möhren, die Kartoffeln und der Sellerie. Alles gut verrühren und im Feuerkessel leicht anbraten. Nach 3 Minuten die Bohnen und die Zucchini in den Feuerkessel geben und weiter anbraten. Den Deckel vom Feuerkessel auflegen und 20 Minuten garen (es geht auch ohne Deckel). In der Zwischenzeit die Tomaten stückeln und ebenfalls in den Topf geben. Basilikum fein hacken und den Parmesan reiben. Beides nun in den Feuerkessel geben. Nun erst die Brühe auffüllen. Mit Salz und Pfeffer abschmecken. Jetzt braucht die Minestrone einfach nur noch Zeit. Genaugenommen eine Stunde, in der sie vor sich hin köcheln kann. In den letzten 10 Minuten werden die gebrochenen Spaghettistücke in den Topf gegeben und mit gegart. Fertig.

Fotolia

# Borschtsch

Schwierigkeitsgrad:
leicht
Benötigt wird außerdem:
Ein Feuerkessel mit Dreibein sowie eine 2 Liter fassende Schüssel zum Aufbewahren der entstandenen Brühe.

## Zutaten für 4-6 Personen

- 600 g gemischtes Fleisch
- 200 g Weißkohl
- 6 Kartoffeln
- 4 Tomaten
- 2 Möhren
- 1 Rote Bete
- 2 Zwiebeln
- 2 EL Petersilie
- 150 ml Brühe
- 2 L Wasser
- 6 EL Schmand
- 4 EL Butter
- Salz und Pfeffer

## Zubereitung

Die zwei Liter Wasser in den Feuerkessel geben und leicht salzen. Aufkochen lassen und das gemischte Fleisch hineingeben. Für etwa 2 Stunden köcheln lassen. Danach das Fleisch herausnehmen. Die übrig gebliebene Brühe vom Kessel in die Schüssel geben und aufbewahren. Den Weißkohl putzen. Dann in Streifen schneiden. Die Möhren, Zwiebeln und rote Bete schälen und in Würfel schneiden. Die Butter im Feuerkessel erhitzen und das eben vorbereitete Gemüse darin anbraten. Die "eigentliche" Brühe (150 ml) dazugeben. Etwa eine viertel Stunde kochen lassen. In der Zwischenzeit die Kartoffeln schälen und in Scheiben schneiden. Kartoffeln hinzufügen. Die aufbewahrte Brühe zurück in den Kessel geben und nochmals 30 Minuten kochen lassen. Die Tomaten häuten (mit heißem Wasser übergießen und die Haut abziehen) und zerkleinern. Zusammen mit der Petersilie hinzugeben. Mit Salz und Pfeffer abschmecken. Das Fleisch kleinschneiden und in die Suppe geben. Nochmals kurz auf Temperatur bringen und mit einem Klecks Schmand in der Mitte des Tellers servieren.

# Soljanka

Schwierigkeitsgrad:
leicht
Benötigt wird außerdem:
Ein Feuerkessel mit Dreibein sowie eine Pfanne für die Feuerschale mit Pfannenknecht.

## Zutaten für 6 Personen

- 1 kg Kasseler Schwein
- 200 g Fleischwurst
- 1 Glas Gewürzgurken
- 1 Glas Letscho
- 2 große Zwiebeln
- 2 Tomaten
- 1 Becher Schmand
- Paprika edelsüß
- Öl
- Weißbrot (z.B. Baguette)
- Salz und Pfeffer
- ggf. etwas Ketchup

## Zubereitung

Das Fleisch klein schneiden. Die Pfanne auf dem Pfannenknecht in der Feuerschale erhitzen und etwas Öl hineingeben. Darin das Fleisch anbraten. Mit Salz, Pfeffer und Paprikapulver nach eigenem Geschmack würzen. Nun die Fleischwurst und die klein gehackten Zwiebeln hinzufügen und kurz weiterbraten. Alles in den am Dreibein über der Feuerschale hängenden Feuerkessel füllen und mit den kleingehakten Gurken- und die Tomatenwürfel auffüllen. Kurz aufkochen und mit dem Letscho ablöschen. Ggf. etwas Ketchup hineingeben, damit die Soljanka cremig bleibt. So etwa 30 Minuten kochen lassen. Dabei wird das Fleisch schön weich. Zum Servieren das Brot und den Schmand reichen. Mit dem Schmand kann man einen Klecks Verfeinerung als Dekoration bieten.

# Szegediner Gulasch

Schwierigkeitsgrad:
leicht
Benötigt wird außerdem:
Ein Feuerkessel mit Dreibein.

## Zutaten für 4-6 Personen

- 300 g Rindfleisch
- 300 g Schweinefleisch
- 100 g Speck
- 500 g Sauerkraut
- 6 Zwiebeln
- 500 ml Fleischbrühe
- 1 EL Tomatenmark
- 1 Becher Schmand
- 2 TL Speisestärke
- Salz und Pfeffer

## Zubereitung

Das Fleisch in etwa 2 bis 3 cm große Würfel schneiden. Die Zwiebeln enthäuten und in Scheiben schneiden. Den Speck würfeln. Den Feuerkessel in das Dreibein auf der Feuerschale einhängen und darin die Zwiebeln andünsten. Das Tomatenmark einrühren. Nun folgt das Fleisch in den Feuerkessel. Es wird jetzt mit Salz und Pfeffer gewürzt. Das Sauerkraut folgt daraufhin und wird mit der Brühe übergossen. Nun wird das Gulasch für mindestens eineinhalb Stunden über dem Feuer geköchelt. Erst am Schluss wird der Schmand untergerührt und die gewünschte Konsistenz mit der Speisestärke hergestellt. So kannst du das Gulasch gut binden. Vor dem servieren noch einmal mit Salz und Pfeffer abschmecken.

# Indisches Hühnchen

Schwierigkeitsgrad:
leicht
Benötigt wird außerdem:
Ein Feuerkessel mit Dreibein.

### Zutaten für 6 Personen

- 6 Hühnerbrüste
- 3 Zwiebeln
- 5 Knoblauchzehen
- 5 Kardamomkapseln
- 2 cm Ingwer
- jeweils 2 TL Kreuzkümmel und Koriander
- 2 EL Tomatenmark
- frische Chilis
- 100 g gemahlene Mandeln
- 400 ml Hühnerbrühe
- 250 ml Schlagsahne
- Öl
- Salz und Pfeffer

### Zubereitung

Das Hühnerfleisch in 2 bis 3 cm große Stücke würfeln. Die Zwiebeln, den Ingwer und die Knoblauchzehen klein hacken. Die Kardamomkapseln werden zerdrückt. Nun den Feuerkessel am Dreibein über der Feuerschale einhängen und über dem Feuer erwärmen. Öl erhitzen und die Zwiebeln mit dem Kardamom andünsten bis die Zwiebeln glasig sind. Nun das Hühnerfleisch dazugeben und von allen Seiten anbraten. Dann Knoblauch, Ingwer und die Gewürze dazugeben. Alles miteineinander verrühren. Jetzt folgt das Tomatenmark, zusammen mit den gemahlenen Mandeln der Brühe und der Sahne. Alles wird nacheinander eingerührt. Dann cremig kochen. Das dauert im Feuerkessel etwa 20 bis 25 Minuten. Mit Salz und Pfeffer abschmecken. Falls die Gäste viel Hunger haben, kann man dazu noch Reis servieren. Auch ein Weißbrot geht sehr gut.

# Halászlé

Schwierigkeitsgrad:
leicht
Benötigt wird außerdem:
Ein Feuerkessel mit Dreibein, sowie eine Passiermühle.

### Zutaten für 6 Personen

- 2 kg Karpfen
- 6 Kartoffeln
- 3 Tomaten
- 2 Paprikaschoten
- 2 Zwiebeln
- 2 EL Paprikapulver rosenscharf
- 1 Zitrone
- 100 g Schmalz
- Salz
- 6 Scheiben Weißbrot

### Zubereitung

Den Karpfen in Stücke schneiden. Die Paprikaschoten und die Tomaten in kleine Stücke schneiden. Die Kartoffeln schälen und stückeln. Die Zwiebeln in Ringe schneiden. Den Feuerkessel über der Feuerschale in das Dreibein hängen und die Zwiebeln im Schmalz glasig angaren. Den Fisch hineinlegen und knapp mit Wasser bedecken. Aufkochen und das Paprikapulver dazugeben. Eine Prise Salz und den Saft der ausgepressten Zitrone nach Belieben dazu geben. Eine Stunde vor sich hinkochen lassen. Jetzt folgen die Tomaten, Paprikastücke und Kartoffeln. Kochen lassen, bis das Gericht gar ist (etwa 30 Minuten). Dabei ab und zu vorsichtig umrühren.
Beim Anrichten wird die ungarische Fischsuppe häufig mit scharfen grünen Paprikaschoten serviert, die separat gereicht werden. So kann jeder nach seinem Geschmack nachschärfen. Zur Suppe isst man frisches Weißbrot.

# Sauerkirsch-Chili-Chutney

Schwierigkeitsgrad:
mittel
Benötigt wird außerdem:
Ein Feuerkessel mit Dreibein.

## Zutaten

- 250 g Sauerkirschen entsteint (frisch oder tiefgefroren)
- 1 rote Zwiebel
- 1 weiße Zwiebel
- 1 kleine Chilischote
- 1 kleines Stück frischer Ingwer
- je 1 Prise Koriander-, Nelken- und Kardamompulver
- 20 ml Agavennektar oder Honig
- 20 ml weißer Balsamico-Essig

## Zubereitung

Chili-Schote und Zwiebeln klein hacken. Zusammen mit den anderen Zutaten in einen geeigneten Topf (z.B. ein Feuerkessel) geben und über der Feuerschale erhitzen. Etwa 30 Minuten einkochen lassen und entweder sofort servieren oder in Marmeladengläser füllen und gut verschließen. Einmal vorbereitet, hält sich das Sauerkirsch-Chili-Chutney im Kühlschrank sehr lange und ist bei jedem Feuerschalen-Grillevent schnell als Geschmacksergänzung einsatzbereit.

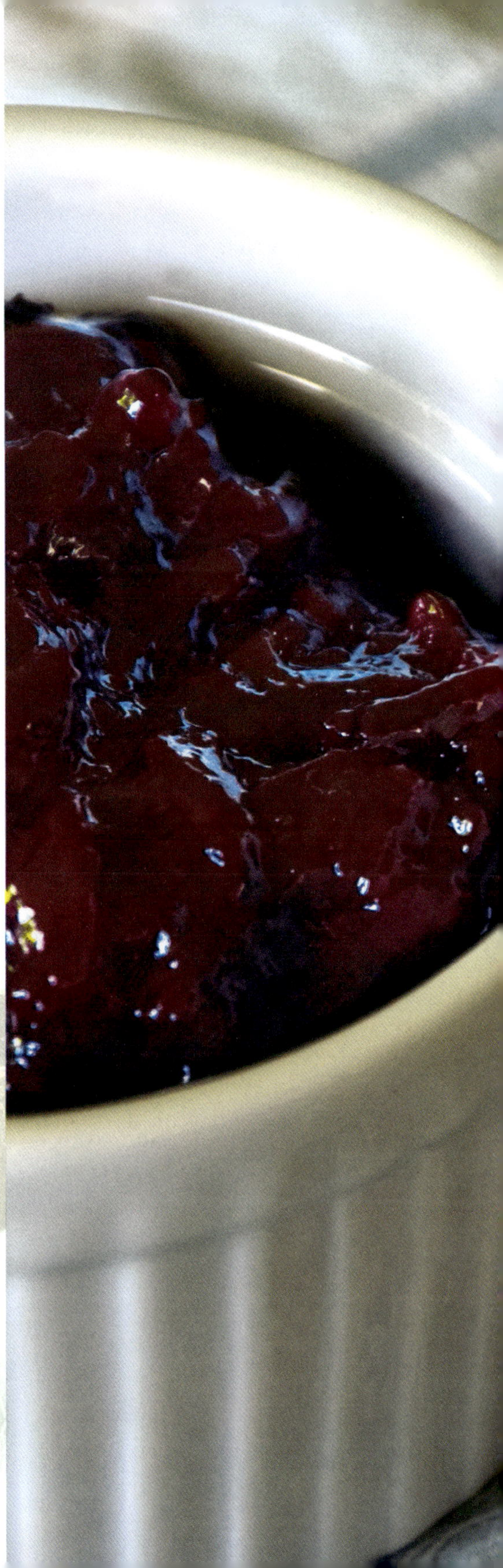

# Spieße

## Stockbrotrezept (mit Hefe)

Schwierigkeitsgrad:
leicht
Benötigt wird außerdem:
Stockbrot-Stock als Grillfackel zum Backen über der Feuerschale. Ggf. Alu-Folie zum Umwickeln der Stockspitzen.

### Zutaten

- 400 g Mehl
- 1 Paket Trockenhefe
- 1 EL Zucker
- 300 ml Milch (Zimmertemperatur)
- 1/2 TL Salz
- 2 EL Öl

### Zubereitun

Alle Zutaten gut miteinander vermischen und mit einem Knethaken zu einem glatten Teig verarbeiten. Diesen dann an einem warmen Ort 15-20 Minuten gehen lassen. Teile den Teig in 10 bis 12 Stücke und ziehe diese dann in ca. 20 cm lange Stränge. Dann die Teigstränge um einen Stock wickeln und über der heißen Glut fertig backen. Tipp: Du kannst die Spitzen der gesammelten Stöcke (meist Weidenstöcke) mit etwas Alu-Folie umwickeln. So bleibt das Brot von jeglicher Verunreinigung frei und es lässt sich leichter lösen.

Je nach Geschmack kannst du den Teig süßer oder deftiger gestalten. Für Kinder kann man gern etwas mehr Zucker verwenden und ihn eventuell mit einigen knackigen Nüssen und Rosinen verfeinern.

Für die herzhafte Variante gestalte den Teig mit einem Hauch Knoblauch, Zwiebeln oder ein paar Kräutern. Dadurch bekommt das Brot einen deftigen Geschmack.

Der Brotteig muss nun ungefähr 20 cm über der Glut gebacken werden. Das braucht so ca. 10 Minuten.

Der Teig ist dann fertig zum Verzehr, wenn du den Stock auf die Erde klopfst und das Brot sich ganz leicht vom Holz löst.

Die Zubereitung von Stockbrot an der Feuerschale ist stets etwas Besonderes. Es sorgt für eine abenteuerliche und romantische Stimmung.

## Kräuterstockbrot (ohne Hefe)

Schwierigkeitsgrad:
leicht
Benötigt wird außerdem:
Ohne Vorbereitung in der Küche braucht es noch einen Feuerkessel für die Milch. Stockbrot-Stock als Grillfackel zum Backen über der Feuerschale. Ggf. Alu-Folie zum Umwickeln der Stockspitzen.

### Zutaten

- 500 g Mehl
- 250 ml Milch
- 80 g Butter
- 1-2 TL Salz
- 2 TL Backpulver (gehäuft)
- 2 TL Kräuter (n.B.: Schnittlauch, Dill, Bärlauch, Petersilie...)
- 1 Zwiebel

### Zubereitung

Frische Kräuter waschen, trocken tupfen und klein hacken. Dieser Schritt entfällt bei TK-Kräutern. Zwiebel klein hacken. Kräuter und Zwiebel mit Mehl, Backpulver und Salz vermengen. Anschließend die Milch mit der Butter erhitzen, bis die Butter geschmolzen ist. Dies geht in einem Topf (an der Feuerschale mit einem Feuerkessel) oder in der Mikrowelle. In letzterer jedoch Achtung: Die Butter neigt dort beim Erhitzen zu explosionsartigen „Verpuffungen“, also den Topf in der Mikrowelle mit einem Spritzschutz abdecken. Nun die Mehl-Kräuter-Zwiebel-Mischung dort hineingeben und gut durchkneten. Anschließend den Teig für etwa 20 Minuten an einem warmen Ort ruhen lassen. Im Anschluss ist der Teig bereit, du kannst ihn um die Stöcker wickeln. Tipp: Du kannst die Spitzen der gesammelten Stöcke (meist Weidenstöcke) mit etwas Alu-Folie umwickeln. So bleibt das Brot von jeglicher Verunreinigung frei und es lässt sich leichter lösen.

Der Brotteig muss nun ungefähr 20 cm über der Glut gebacken werden. Das braucht so ca. 10 Minuten. Der Teig ist dann fertig zum Verzehr, wenn du den Stock auf die Erde klopfst und das Brot sich ganz leicht vom Holz löst.

Selbstverständlich kannst du auch bei dieser Stockbrot-Variante verschiedene andere Zutaten beigeben. Geeignet sind grundsätzlich alle Kräuter deiner Wahl, aber auch weitere Gemüse können beigemengt werden.

# Grillfackeln

Schwierigkeitsgrad:
leicht
Benötigt wird außerdem:
Ein Grillrost für die Feuerschale sowie 8 Spieße aus Holz. Ein Silikonpinsel ist hilfreich.

## Zutaten

- 8 Scheiben Schweinebauch, etwa 1-2 cm dick
- Olivenöl
- 2 EL Paprika edelsüß
- 1 TL Oregano
- n.B.: Currypulver, Chili-Flocken, Thymian, Knoblauch
- 1 EL Pfeffer
- 2 EL Salz

## Zubereitung

Die Zubereitung geht spielend von der Hand: Zunächst die Gewürze miteinander vermengen. Wenn du es schärfer magst, darfst du gerne entsprechend Cayenne-Pfeffer oder Chili-Flocken zugeben. Die Gewürzmischung wird nun mit etwas Olivenöl „aufgegossen“ und umgerührt, so dass man damit später das Fleisch einpinseln kann. Nun werden die Fleischscheiben spiralförmig um die Spieße gewickelt. Idealerweise nimmt man hierfür Holzspieße. Sind die Spieße allesamt gewickelt, werden sie mit der Öl-Gewürz-Mischung bepinselt. Danach geht es in die Hitze, genauer gesagt auf einen über Glut gelegten Grillrost. Die Spieße werden dort wiederholt hin und her gedreht, bis sie von allen Seiten schön braun sind. Tipp: Zwischendurch noch ein bis zwei Mal einpinseln.

# Wildschweinspieße mit raffinierter Rotweinsauce

Schwierigkeitsgrad:
mittel
Benötigt wird außerdem:
Einige Grillspieße, ein Dutch Oven oder ein Feuerkessel sowie ein Pürierstab.

## Zutaten

- 2 kg Keule vom Wildschwein (entbeint)
- 2 Zucchini
- 4 Paprikaschoten (2 gelb, 2 rot)
- 4 große Zwiebeln

## Für die Rotwein-Sauce

- 500 ml Rotwein
- 250 g Schalotten
- 2-3 EL Zucker
- 1 Glas Orangensaft
- Olivenöl

## Zubereitung

Zuächst wird die Sauce vorbereitet. Dazu die Schalotten schälen und in feine Würfel schneiden. Über der Feuerschale in im Dutch Oven oder im Feuerkessel mit dem Öl andünsten, bis sie etwas Farbe haben. Dann den Zucker darüber streuen und karamellisieren lassen. Achtung: Gut rühren, wird sonst leicht zu dunkel. Mit dem Rotwein ablöschen und etwa ½ Stunde einkochen lassen. Anschließend den Orangensaft dazu geben. Mit dem Pürierstab pürieren und fertig.
Nun geht es an die Spieße: Das Fleisch waschen, das Gemüse putzen und alles in Würfel schneiden. Abwechselnd Gemüse und Fleisch auf die Spieße stecken und über der Feuerschale grillen. Die Temperatur sollte nicht zu hoch sein, damit das Gemüse nicht verbrennt (verbrannte Paprikahaut kann einfach nachträglich abgezogen werden). Wenn die Spieße gar sind, mit Pfeffer (am besten grob aus der Mühle), Salz, Paprika edelsüß und nach Geschmack Chili-Flocken würzen. Zusammen mit der Rotwein-Sauce servieren.

## Gegrillter Schwein-Spieß mit klassischem Apfel

Schwierigkeitsgrad:
leicht
Benötigt wird außerdem:
4 Holzspieße und eine kleine Schüssel für die Cocktail-Sauce.

### Zutaten für 4 Personen

- 400 g Schweinefilets
- 2 Äpfel
- 1 Zwiebel

### für die Cocktail-Sauce

- 300 ml Ketchup
- 200 ml Mayonnaise
- 6 Knoblauchzehen
- 1 Orange
- Salz und Pfeffer

### Zubereitung

Die Sauce vorbereiten. Dazu die Orange halbieren und vier EL Saft auspressen. Diesen mit Ketchup und Mayonnaise verrühren. Die Knoblauchzehen schälen und zerdrücken. Dann auch diese unterrühren. Nun mit Salz und Pfeffer nach Belieben verfeinern. Fertig ist die Cocktail-Sauce.
Das Filet in grobe Würfel schneiden. Diese Stücke in der Cocktail-Sauce kneten und für 1 Stunde darin ziehen lassen. Die beiden Äpfel während dessen achteln. Die Zwiebel schälen und ebenfalls achteln. Nun die Apfel-, Zwiebel- und Fleischstücke abwechselnd auf die Holzspieße bringen.
Nun kannst du die Spieße auf dem Grillrost der Feuerschale von allen Seiten gleichmäßig braun grillen. Die fertigen Spieße servierst du mit der übrig gebliebenen Cocktail-Sauce. Dazu passen alle hellen Backwaren.

## Gegrillte Käse-Gemüse-Spieße

Schwierigkeitsgrad:
mittel
Benötigt wird außerdem:
Ein Grillrost sowie 12 Schaschlikspieße. Eine Schüssel zum Vermengen und ein Teller.

### Zutaten für 6 Personen

- 600g Feta oder Haloumi
- 3 Gemüsezwiebeln
- 2 Paprikaschoten (rot und gelb)
- 2 TL Oregano
- 2 TL Paprika edelsüß
- 1 TL Meersalz
- 1/2 TL Pfeffer
- Olivenöl
- Chili-Flocken n.B.
- Zitronenspalten

### Zubereitung

Zunächst werden 3 EL Öl, Oregano, Paprikapulver, Pfeffer und Meersalz in einer Schlüssel zu einer Gewürzmischung vermengt und anschließend auf einem flachen Teller verteilt.
Den Käse in 12 ca. 1,5 x 5 cm große Stücke schneiden und in der Würzmischung wenden. Diese kann sehr gut einziehen, wenn die Käsestückchen einige Stunden im Kühlschrank ruhen. Am besten mit Frischhaltefolie abgedeckt.
Vor dem Grillen werden die Paprikaschoten in mundgerechte, jedoch nicht zu kleine Stücke geschnitten und mit etwas Olivenöl bestrichen. Die Zwiebeln werden geschält und ebenfalls in nicht zu kleine Stücke geschnitten.
Die Schaschlikspieße können nun nach Belieben besteckt werden. Wir empfehlen immer abwechselnd mit Käse, Paprika und Zwiebel zu arbeiten.
Anschließend werden die Spieße am Rande des Grillrosts der Feuerschale für 8-10 Minuten gegrillt. Fertig sind sie, sobald der Käse anfängt eine goldene Kruste zu bekommen.
Sofort servieren und am Tisch nach Belieben mit Zitronensaft beträufeln.

# Satay

Schwierigkeitsgrad:
leicht
Benötigt wird außerdem:
Grillrost für die Feuerschale sowie 8 Schaschlikspieße und eine kleine Schüssel zum Anrühren der Marinade.

## Zutaten für 4 Personen

- 800 g Schweinefilet
- 3 EL Sojasauce
- 1 Zwiebel
- 1 Knoblauchzehe
- 1 Chili
- 2 EL Öl
- 2 EL Zucker

## Zubereitung

Das Fleisch in Streifen schneiden. Die Fleischstreifen jeweils mehrfach auf die Spieße stecken, so dass sie auf dem Spieß zusammengestaucht werden können. Die Zwiebel, die Chili und die Knoblauchzehe klein hacken. Die Sojasauce mit etwas Zucker und Öl zusammen in der Schüssel verrühren und darin die gehackte Zwiebel, Chili und Knoblauch geben. Diese Mischung auf die Spieße auftragen und 1 Stunde im Kühlschrank einwirken lassen. Nun kannst du die Spieße über der Feuerschale grillen. Am besten mit einem Grillrost. Ab und zu wenden bis die gewünschte Bräune erreicht ist.

## Rostbratwurst vom Rost auf Spieß mit Beilage

Schwierigkeitsgrad:
leicht
Benötigt wird außerdem:
Holzspieße, ein Silikonpinsel und eine kleine Schale für die Marinade.

### Zutaten für 4 Personen

- 12 Rostbratwürste
- 500 g Kartoffeln
- 2 Zwiebeln
- 2 Knoblauchzehen
- 1 Bund Kräuter (Rosmarin, Oregano)
- 80 ml Olivenöl
- Salz und Pfeffer

### Zubereitung

Zunächst wird die Marinade hergestellt. Dazu die Knoblauchzehen fein hacken. Die Kräuter zupfen und dann fein zerhacken. Diese Zutaten mit dem Olivenöl verrühren und mit Salz und Pfeffer abschmecken. Zwischenzeitlich die Zwiebeln schälen und achteln sowie die Kartoffeln putzen (Schale kann bleiben) und in spießfähige Stücke schneiden (kleine Kartoffeln können im Stück bleiben). Die Rostbratwürste in Stücke schneiden, so dass sie in der Größe den Kartoffelstücken entsprechen. Nun die Spieße abwechselnd mit den Bratwurststücken, Kartoffelstücken und Zwiebelstücken befüllen. Mit Salz und Pfeffer würzen. Auf dem Grillrost über der Feuerschale gleichmäßig von allen Seiten grillen und mit der Marinade bepinseln.

## Spießige Pute gerollt

Schwierigkeitsgrad:
leicht
Benötigt wird außerdem:
Grillrost für die Feuerschale sowie Schaschlikspieße.

### Zutaten für 4 Personen

- 600 g Putenbrust
- 2 Auberginen
- 200 g Camembert
- 1 Bund Thymian
- 20 Cocktailtomaten
- Olivenöl
- Salz und Pfeffer

### Zubereitung

Das Putenfleisch in Scheiben schneiden und würzen. Dazu Salz und Pfeffer nach Belieben verwenden. Die Auberginen in Scheiben schneiden. Thymian fein hacken. Den Camembert mit einer Gabel zerdrücken. Die Putenscheiben mit dem Camembert bestreichen und mit dem Thymian bestreuen. Nun eine Putenscheibe auf eine Auberginenscheibe legen und zusammen aufrollen. Sogleich auf einen Spieß stecken und jeweils mit einer Tomate voneinander trennen. Die Spieße dann mit etwas Olivenöl beträufeln. Auf dem Grillrost über der Feuerschale gleichmäßig von allen Seiten grillen. Nach etwa 20 Minuten dürfte die Pute einen sehr guten Bräunungsgrad erreicht haben.

# Mango-Schaschlik

Schwierigkeitsgrad:
mittel
Benötigt wird außerdem:
Ein Grillrost für die Feuerschale sowie eine große Schüssel zum Einlegen in Milch. Ein Sieb und Holzspieße.

## Zutaten

- 1,5 kg Nackenfleisch vom Schwein
- 1 Mango
- 4 Gemüsezwiebeln
- 3 Tomaten
- 1 Liter Milch
- 1 EL Balsamico-Essig
- Salz und Pfeffer

## Zubereitung

Das Nackenfleisch würfeln. 2 Zwiebeln schälen und klein hacken. Die Tomaten stückeln, pfeffern/salzen und mit einem Esslöffel Balsamico-Essig verfeinern. In diese vorbereitete Schüssel nun das Fleisch hineingeben und mit der Milch auffüllen. Alles gut durchmischen und abgedeckt in den Kühlschrank stellen. Dort einen Tag ziehen lassen. Vor dem Grillen die Mango von Schale und Kern befreien und stückeln. Die verbliebenen 2 Zwiebeln ebenfalls stückeln. Nun das Fleisch mit den Zwiebelstücken und den Mangos abwechselnd auf Holzspieße stecken und auf dem Grillrost über der Feuerschale goldbraun grillen. Wer mag, kann die verbliebene Marinade durch das Sieb geben und als leckeren Tomatensalat zu den Spießen reichen.

# Steckerlfisch

Schwierigkeitsgrad:
leicht
Benötigt wird außerdem:
Stöcker, von Weide oder Haselnuss (frisch).

## Zutaten für 6 Personen

- 6 Forellen, Heringe oder Makrelen
- Pfeffer und Salz
- Zitrone

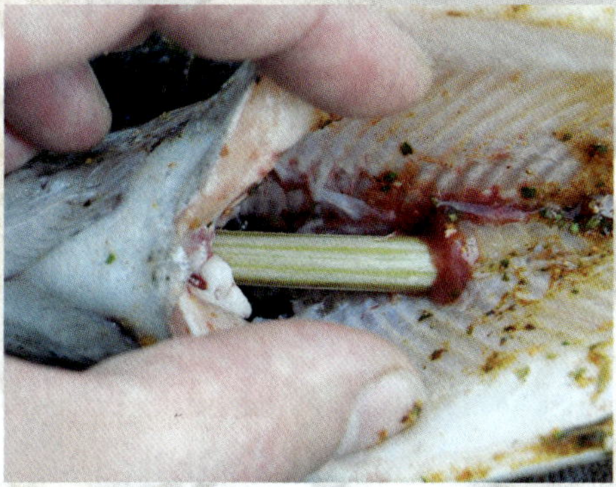

## Zubereitung

Die Fische entschuppen und ausnehmen sowie waschen und trocken tupfen. Ansschließend von außen mit Salz und Pfeffer würzen und innen mit Zitrone beträufeln. Nun sind die Fische bereit zum Aufspießen. Am besten gelingt dies indem man hinter dem Rückgrat einsticht.
Den Fisch nun so platzieren, dass dieser über der Glut hängt. Regelmäßig wenden.
Wenn er von allen Seiten schön kross und braun ist, kann er serviert werden.

# Fruchtiger Scampi gespießt

Schwierigkeitsgrad:
leicht
Benötigt wird außerdem:
Grillrost für die Feuerschale,
4 bis 8 Schaschlikspieße je nach Größe
sowie eine Knoblauchpresse und eine Schere.

## Zutaten für 4 Personen

- 400g Scampi
- Rosmarin
- Olivenöl
- 2 Mango
- 1 Limette
- 2 Knoblauchzehen
- Salz und Pfeffer

## Zubereitung

Die Scampi schälen und den Darm entfernen. Die Knoblauchzehen pressen. Die Nadeln vom Rosmarinzweig streifen und mit einer Schere klein schneiden. Etwas Olivenöl, Knoblauch und Rosmarin verrühren. Damit dann die Scampi benetzen. Eine Stunde ziehen lassen.
In dieser Zeit die Mango vorbereiten und in Stücke schneiden. Die Limette schneidest du ohne Schale in Scheiben. Scampi, Mangostücke und Limettenscheiben steckst du dann abwechselnd auf die Spieße. Je nach Größe der Spieße brauchst du für jede Person ein bis zwei Spieße. Würzen kannst du nach Belieben mit Salz und Pfeffer. Über der Feuerschale grillst du die Spieße am besten mit einen Grillrost für die Feuerschale, gleichmäßig von allen Seiten. Die Scampi werden etwa 10 Minuten benötigen, um bekömmlich zu munden.

# Gegrillte Erdbeer-Mango-Spieße

Schwierigkeitsgrad:
leicht
Benötigt wird außerdem:
Grillrost für die Feuerschale sowie
6 - 8 Schaschlikspieße und eine Alugrillschale.

## Zutaten für 6 Personen

- 600 g Erdbeeren
- 2 Mangos
- 2 Limetten
- 3 El brauner Rum
- 3 TL Puderzucker

## Zubereitung

Die Erdbeeren putzen und halbieren. Die Mangos schälen, das Fruchtfleisch vom Stein befreien und in ebenso dicke Stücke schneiden. Erdbeeren und Mango abwechselnd auf die Metallspieße stecken.
Etwas Schale von den Limetten abreiben und den Saft auspressen. Beides wird mit dem Rum vermengt und dient als Marinade für unsere Fruchtspieße. Diese dürfen rundherum damit bestrichen werden.
Die marinierten Spieße vor dem Grillen mit der Hälfte des Puderzuckers bestreichen und am Rande des Grillrosts unserer Feuerschale (am besten in einer Alugrillschale) für 3 Minuten angrillen. Wende die Spieße vorsichtig und stäube die zweite Hälfte des Puderzuckers darüber – im Anschluss wird nochmal für 2 Minuten weitergegrillt.
Die warmen Spieße sofort servieren. Dazu passt ein süßer Joghurt-Dip.

# Obst-Gemüsespieße

Schwierigkeitsgrad:
leicht
Benötigt wird außerdem:
Grillrost für die Feuerschale sowie 8 Schaschlikspieße (mindesten 25 cm lang).

## Zutaten

- 2 Paprikaschoten rot
- 2 Paprikaschoten gelb
- 2 Zwiebeln
- 2 Bananen
- 2 Äpfel
- 2 Birnen
- flüssiger Honig
- Salz und Pfeffer

## Zubereitung

Die oben aufgeführten Zutaten putzen und in spießgerechte Stücke klein schneiden. Dabei das Gemüse vom Obst getrennt halten. Das Gemüse wird nun leicht gesalzen und gepfeffert. Das Obst erhält einen leichten Honiganstrich. Jetzt pro Spieß im Wechsel ein Teil Obst und ein Teil Gemüse aufstecken. Auf dem Grillrost in gewünschter Bräune grillen, dabei die Spieße eher an den Rand der Glut legen. Wenn die Paprikahaut verbrennt einfach die Haut abziehen. Die Paprika bleibt lecker.

# Gegrillte Obst-Spieße mit Honig

Schwierigkeitsgrad:
mittel
Benötigt wird außerdem:
Grillrost für die Feuerschale sowie 8 Schaschlikspieße (mindesten 25 cm lang).

## Zutaten für 6 Personen

- 1 Apfel
- 1 Mango
- 1 Banane
- 3 Scheiben Ananas

## Für die Marinade:

- 3 EL Honig
- 2 EL Öl (z.B. Nussöl)
- 1 Zitrone

## Zubereitung

Für die Marinade Honig und Öl mit dem Saft einer Zitrone vermengen. Den Apfel schälen und in spießgerechte Stücke schneiden. Die Banane in 6 Stücke schneiden. Dann die Ananasscheiben halbieren. Die Mango schälen und in vergleichbar große Stücke schneiden. Jetzt die Obststücke in beliebiger Reihenfolge auf die Spieße geben und sie am Rande des Grillrosts platzieren. Für etwa 5 Minuten grillen. Bestreiche dabei die Früchte mit der Marinade von allen Seiten. Tipp: Fertige Obst-Spieße mit Sahne servieren.

# Grillrost

# Erdnuss-Hähnchen

Schwierigkeitsgrad:
leicht
Benötigt wird außerdem:
Ein Grillrost, eine Schüssel, ein Streichpinsel.

## Zutaten

- 1 kg Hähnchenbrustfilets
- 5 EL Erdnussbutter (mit Stücken)
- 3 Knoblauchzehen
- 1/2 Bund Koriander
- 3 cm Ingwer
- 2 Limetten
- 2 TL Sojasauce
- 1 EL Olivenöl
- Chili-Flocken
- flüssiger Honig

## Zubereitung

Die Erdnussbutter in eine Schüssel geben. Knoblauch, Koriander und Ingwer klein hacken und dazugeben. Etwas Limettensaft dazu träufeln und 2 TL Sojasauce, Olivenöl sowie nach Geschmack Chili-Flocken hinzugeben. Alles gut durchrühren und vermengen. Wenn es zu fest wird, ein ganz klein wenig Wasser hinzugeben. Die Hähnchenbrustfilets mit der Hälfte der Erdnusssauce bestreichen und einmassieren. Auf dem Grillrost garen, bis die Hähnchenbrustfilets durchgebraten sind. Nach dem letzten Wenden die oben liegende Seite der Hähnchen mit etwas flüssigem Honig bestreichen. Die zweite Hälfte der Erdnussmischung als Sauce bereitsstellen.

# Knoblauch-Schwein

Schwierigkeitsgrad:
leicht
Benötigt wird außerdem:
Ein Grillrost für die Feuerschale.

## Zutaten für 4 Personen

- 4 Schweinefilets (etwa 1,2 Kg)
- 600 g Frühstücksspeck
- 12 Knoblauchzehen
- Pfeffer

## Zubereitung

Die Knoblauchzehen schälen und halbieren. Die Schweinefilets mit kleinen Einschnitten versehen. In diese müssen die halben Knoblauchzehen gesteckt werden. Jetzt das Fleisch pfeffern. Die Filets in den Frühstücksspeck einwickeln. Auf der Feuerschale den Grillrost platzieren und darauf das Fleisch. Regelmäßig wenden.

# Gewürzte Schweinesteaks

Schwierigkeitsgrad:
leicht
Benötigt wird außerdem:
Ein Grillrost für die Feuerschale sowie eine Küchenreibe, ein Mörser und Frischhaltefolie.

## Zutaten für 4 Personen

- 4 Steaks vom Schwein
- 3 Knoblauchzehen
- 2 TL Korianderkörner
- 2 TL Majoran
- 1 Zitrone
- Pfeffer
- Meersalz

## Zubereitung

Von der Zitrone brauchst du nur 2 TL Schale. Dazu die Zitrone heiß abwaschen und die benötigte Menge abreiben. Das geht mit einer Küchenreibe ganz gut. Als nächstes hackst du die Gewürze klein. Die Knoblauchzehen hacken und zusammen mit den anderen Gewürzen (Koriander, Majoran) in eine kleine Schüssel geben. Darin alles zusammen mit einem Mörser fein mahlen. Die Zitronenschale mischt du anschließend unter. Diese Gewürzmischung verteilst du auf einem Teller, so dass du darin die Steaks wenden kannst. Die so vorbereiteten Steaks wickelst du in Frischhaltefolie und lässt sie 1 Stunde ruhen. Anschließend kannst du die Steaks auf dem Grillrost der Feuerschale über der Glut grillen. Je indirekter du sie grillst, desto mehr bleibt dir die Gewürzpanade an den Steaks erhalten. Wenn du magst, kannst du die Zitrone auch noch verwenden, um die Steaks damit zu beträufeln. Vor dem Servieren noch pfeffern und salzen nach Geschmack.

# Gegrillte Cevapcici

Schwierigkeitsgrad:
leicht
Benötigt wird außerdem:
Ein Grillrost für die Feuerschale.

## Zutaten für 4 Personen

- 400 g gemischtes Hackfleisch
- 4 Scheiben Frühstücksspeck
- 1 Zwiebel
- 2 Knoblauchzehen
- 50 g geriebener Käse
- 50 ml Sahne
- 1 EL Paprikapulver
- 1 TL Currypulver
- 3 EL Paniermehl
- Salz und Pfeffer

## Zubereitung

Die Zwiebel und den Knoblauch schälen und hacken. Die übrigen Zutaten (außer dem Frühstücksspeck) nun miteinander vermischen. Gut durchkneten. Aus der Knetmasse werden jetzt kleine Würste geformt. Am besten formst du sie 10 cm lang und 3 cm im Durchmesser. Jeweils eine Hackrolle in einer Scheibe Frühstücksspeck einwickeln. Auf dem Grillrost über der Feuerschale brauchen die Cevapcici noch etwa 10 Minuten. Dabei werden sie ab und zu gewendet. Mit dem krossen Speck schmecken sie besonders lecker.

# Grill-Spareribs

Schwierigkeitsgrad:
schwer
Benötigt wird außerdem:
Ein Grillrost für die Feuerschale. Ein Pinsel, etwas Alu-Folie und ein Feuerkessel mit Dreibein.

## Zutaten für 4 Personen

- Spareribs (3-4 kg mit Knochen)
- 200 ml Apfelsaft
- 3 EL Olivenöl
- 3 EL grobes Salz
- 3 EL Paprika edelsüß
- 2 EL braunen Zucker
- 1 Zwiebel
- 1 Knoblauchzehe
- 1 TL Pfeffer

## für die Sauce

- 350 ml Orangensaft
- 150 ml Whiskey deiner Wahl
- 6 EL braunen Zucker
- 2 Tomaten
- 4 EL flüssiger Honig

## Zubereitung

Zur Vorbereitung der Rippchen die Silberhaut entfernen. Dann nach Belieben das Fett abtrennen. Die Zwiebel und die Knoblauchzehe schälen und so fein wie möglich hacken. Zusammen mit den Gewürzen und dem braunen Zucker in einer Tasse mit dem Olivenöl vermischen. Mit einem Pinsel auf den Rippchen auftragen. Dann die Rippchen in Alu-Folie legen und im Kühlschrank lagern. Es empfiehlt sich, die Rippchen mehrere Stunden,am besten über Nacht, dort zu belassen. Für die Sauce nun den Orangensaft, den Whiskey und den braunen Zucker im Feuerkessel am Dreibein über der Feuerschale für 20 Minuten kochen. Ziel ist es, die Sauce dick zu bekommen. Nebenher die Tomaten so klein wie möglich stückeln. Zusammen mit dem Honig einrühren und noch einmal 10 Minuten kochen lassen. Die Sauce warm halten bis die Rippchen fertig sind.
Währenddessen können die Rippchen auf den Grillrost über der Feuerschale gelegt werden. Dazu kommt die fleischige Seite nach unten. Nicht direkt über die heiße Glut legen. Nach einer Stunde die Rippchen wenden. Und nun nochmals eine Stunde schonend räuchernd grillen.

## Flammlachs von der Feuerschale

Schwierigkeitsgrad:
mittel
Benötigt wird außerdem:
Zwei Holzbretter aus Buche
(Größe etwa 20 x 70 x 2 cm)
sowie Nägel (ohne Zink).

### Zutaten für 6 Personen

- 2 Lachsfilets mit Haut (wichtig)
- 1 TL Pfeffer
- 3 TL Paprikapulver
- 2 TL Meersalz

### Zubereitung

Die Hölzer wässern. Die Lachsfilets mit der Hautseite auf das Brett legen. Die Gewürze gleichmäßig auf dem Fisch verteilen. Das Gewürz bleibt am fettigen Filet gut haften. Dann die Fische auf dem Brett mit den Nägeln fixieren. Jetzt über der Glut der Feuerschale die Bretter mit dem Lachsfilet schräg über dem Feuer aufstellen. Nun wird sich eine Kruste am Fisch bilden. Perfekt ist das Filet, wenn es innen noch leicht rosa bleibt. Anhaltspunkt dafür ist das austretende Fett an den Seiten. Die Bretter von der Feuerschale nehmen und den leckeren Fisch anrichten.

## Lachs in Fruchtmarinade

Schwierigkeitsgrad:
leicht
Benötigt wird außerdem:
Ein Grillrost für die Feuerschale, Frischhaltefolie, eine kleine Schüssel und ein Silikonpinsel.

### Zutaten für 4 Personen

- 4 Lachsfilets (etwa 800 g)
- 2 EL Fruchtsirup
- 2 EL Speiseöl
- 2 EL Senf
- 1 Zweig Basilikum
- 1 Zweig Petersilie
- 1 Zweig Dill
- Pfeffer

### Zubereitung

Basilikum, Petersilie und Dill fein hacken. Den Sirup, das Öl und Senf miteinander verrühren und auch die gehackten Kräuter unterrühren. Mit dieser Marinade den Lachs einstreichen (Silikonpinsel). Mindestens 4 Stunden im Kühlschrank in einer Frischhaltefolie einwirken lassen. Dann auf dem Grillrost über der Feuerschale indirekt grillen, damit die Marinade erhalten bleibt. So braucht der Lachs etwa 10 Minuten, bis er gar ist.

# Gegrillte Tintenfische

Schwierigkeitsgrad:
leicht
Benötigt wird außerdem:
Ein Grillrost für die Feuerschale, ein Feuerkessel sowie ein Sieb, eine kleine Schüssel und ein Silikonpinsel.

## Zutaten

- 800 g tiefgekühlte Tintenfische
- 4 Knoblauchzehen
- 1 Zitrone
- 4 EL Olivenöl
- Salz und Pfeffer

## Zubereitung

Tiefgekühlte Tintenfische haben den Vorteil, dass sie bereits fertig für die Verarbeitung sind. Du kannst sie sofort in kochendes Wasser geben. Also Feuerkessel im Dreibein auf der Feuerschale einhängen und etwa 3 Minuten im Wasser kochen lassen. Dann den Kessel abhängen und die Tintenfische noch 5 Minuten im Wasser ziehen lassen. Nun in ein Sieb geben und sie abtropfen lassen. Die Zitrone halbieren und 3 EL Zitronensaft ausdrücken. Den Knoblauch fein hacken und mit einem Mörser zerdrücken. Zusammen mit dem Olivenöl, dem Zitronensaft, dem Salz und Pfeffer verrührst du diese Zutaten in einer kleinen Schüssel. Hieraus kannst du dann die Mischung mit einem Silikonpinsel auf die Tintenfische auftragen. Auf dem Grillrost garst du die Tintenfische bis zu 15 Minuten bei mehrmaligem Wenden gleichmäßig. Sie dürfen dabei gern braun werden. Heiß servieren.

# Pikante Hähnchen

Schwierigkeitsgrad:
leicht
Benötigt wird außerdem:
Ein Grillrost für die Feuerschale.

## Zutaten

- 4 halbe Hähnchen
- etwas Rosmarin
- etwas Oregano
- etwas Salbei
- 1 Zitrone
- Olivenöl
- Salz

## Zubereitung

Die Hähnchenhälften etwas platt drücken. Das geht zwischen Frühstücksbrettern gut. Dadurch lassen sie sich später auf dem Grill gleichförmiger garen. Die Blätter von den Kräutern lösen und hacken. Die Zitrone teilen und den Saft einer Hälfte herausdrücken. 5 EL Zitronensaft mit 5 EL Olivenöl vermengen. Jetzt die gehackten Kräuter darin unterrühren. Diese Kräutermischung gleichmäßig auf den Hähnchenhälften aufstreichen. Mindestens 3 Stunden im Kühlschrank aufbewahren. In dieser Zeit nehmen die Hähnchenhälften das Aroma der Kräutermischung an.
Auf dem Grillrost der Feuerschale die Hähnchenhälften von beiden Seiten gleichmäßig garen. Dabei innerhalb der etwa 30 Minuten mehrfach wenden. Nach dem Garvorgang etwas salzen.

# Knoblauchsteak

Schwierigkeitsgrad:
leicht
Benötigt wird außerdem:
Ein Grillrost für die Feuerschale sowie ein Mörser. Außerdem noch eine kleine Schüssel und etwas Alufolie.

## Zutaten

- 4 Rindersteaks
- 4 Knoblauchzehen
- 1 Zweig Rosmarin
- 4 EL Olivenöl
- grobes Meersalz und Pfeffer

## Zubereitung

Die geschälten Knoblauchzehen in Alufolie einwickeln. Oben noch ein Loch lassen. Dort 2 EL Olivenöl hineinfüllen und etwas Salz drauf geben. Dann die in Alufolie verpackten Knoblauchzehen für etwa 25 Minuten auf den Grill der Feuerschale legen. In dieser Zeit sollen sie weich werden. Jetzt die Zehen zusammen mit 2 EL Olivenöl und etwas Meersalz in einer kleinen Schüssel vermengen. Vom Rosmarin die Nadeln abnehmen und klein schneiden (geht mit einer Schere gut). Zusammen mit etwas Pfeffer in die Schüssel mit den Knoblauchzehen geben. Nun alles zusammen mit einem Mörser zerkleinern. Dadurch soll eine feine Paste entstehen. Diese verwendest du für die Steaks. Du reibst sie damit ein. So eingerieben gibst du ihnen etwas Zeit zum Einziehen. Je länger du das machst, desto mehr nehmen die Steaks den feinen Geschmack der Paste an. Jetzt können die Steaks indirekt auf dem Grillrost der Feuerschale gegrillt werden. Dadurch bleibt dir die Paste weitestgehend erhalten. Sobald die Steaks ordentlich Farbe erhalten haben, kannst du sie servieren.

# Hirschsteak vom Grillrost

Schwierigkeitsgrad:
mittel
Benötigt wird außerdem:
Ein Grillrost für die Feuerschale sowie ein Mörser und ein Gefrierbeutel.

### Zutaten für 4 Personen

- 4 Hirschsteaks
- Salz und Pfeffer

### Für die Marinade:

- ¼ Tasse Öl
- ½ Tasse Rotwein
- 2 - 3 Knoblauchzehen
- je 2 Zweige Basilikum, Rosmarin, Thymian und Lavendel (frisch oder getrocknet)
- 1 EL Wacholderbeeren
- 3 Lorbeerblätter
- 2 EL bunte Pfefferkörner
- 1 EL Kräuter der Provence

### Zubereitung

Die Zutaten für die Marinade im Mörser zerstoßen bzw. klein schneiden und mit dem Wein und dem Öl verrühren. Die Steaks zusammen mit der Marinade in einen Gefrierbeutel geben und gut durchkneten. Anschließend über Nacht im Kühlschrank ruhen lassen. Vor dem Grillen die Steaks aus der Marinade nehmen, abtrocknen und soweit möglich die Reste der Kräuter entfernen. Die Kräuter verbrennen sonst beim Grillen, das würdest du später am bitteren Geschmack erkennen.
Die Steaks auf den Grillrost legen und zuerst von beiden Seiten über der Glut grillen, dann an den Rand des Grillrosts der Feuerschale legen, wo es nicht so heiß ist. Die Garzeit richtet sich nach der Dicke des Fleisches. Zum Schluss nochmals salzen und pfeffern nach eigenem Geschack.
Dazu passen fruchtige Dips, z. B. Sauerkirsch-Chutney oder Cumberlandsauce.

# Schnelle Cumberlandsauce

Schwierigkeitsgrad:
leicht
Benötigt wird außerdem:
Eine Schüssel zum Verrühren.

### Zutaten

- 1 Glas Preiselbeeren
- 1 unbehandelte Orange
- 4 EL Orangenmarmelade
- 1 Schuss Rotwein
- 1 TL Dijon-Senf
- Pfeffer und Salz

### Zubereitung

Die Orangenschale abreiben und Zesten abschälen. Preiselbeeren, Marmelade und Orangenschalenabrieb mit dem Rotwein und dem Senf zu einer glatten Masse verrühren, mit Pfeffer und Salz abschmecken. Für die alkoholfreie Variante den Rotwein durch ungesüßten Johannisbeersaft ersetzen.
Diese Sauce wird kalt serviert und ist eine perfekte Ergänzung zum knusprigen Wild vom Feuerschalengrillrost.

# Gegrillte Rosmarinkartoffeln

Schwierigkeitsgrad:
mittel
Benötigt wird außerdem:
Ein Feuerkessel mit Dreibein, eine Schüssel für die Marinade, Vierkant-Spieße und ein Grillrost für die Feuerschale.

## Zutaten für 4-6 Personen

- 1 kg kleine Kartoffeln
- 8 Zweige Rosmarin
- 4 Knoblauchzehen
- 100 ml Öl
- 4 Spritzer Zitronensaft
- 2 EL Honig
- 2 EL Senf
- Salz und Pfeffer

## Zubereitung

Dieses Gericht zeigt besonders schön, wie gut man die verschiedenen Methoden auch kombinieren kann. Neben dem Grill finden auch der Feuerkessel und die Spieße ihre Anwendung. Aber zum Rezept: Die Kartoffeln werden ungeschält gekocht. Deshalb die Kartoffeln gut abwaschen. Knoblauch hacken. Die Rosmarinnadeln von den Zweigen trennen. Wer keine ganzen Nadeln im Gericht mag, kann diese etwas schreddern oder mit einer Schere zerschneiden. Das Rosmarin mit den anderen Zutaten zu einer Marinade vermischen. Die Kartoffeln über der Feuerschale im Feuerkessel in Salzwasser kochen. Das Wasser abgießen und über die noch heißen Kartoffeln die Marinade geben. Bei geschlossenem Deckel ziehen lassen. Je länger, desto besser nehmen die Kartoffeln den Geschmack an. Vor dem Verzehr werden die Rosmarinkartoffeln auf einen kantigen Spieß gesteckt und auf dem Grillrost über der Feuerschale angeröstet.

# Eingelegter Butternuss-Kürbis

Schwierigkeitsgrad:
leicht
Benötigt wird außerdem:
Ein Grillrost für die Feuerschale.

## Zutaten für 4 Personen

- 1 Butternuss-Kürbis

### Für die Marinade:

- 1 Bund Petersilie
- 2 rote Zwiebeln
- 1 unbehandelte Zitrone
- 1 Glas entkernter Oliven (100 g)
- 2 EL flüssiger Honig
- 1 EL Olivenöl
- etwas Pfeffer und Salz

## Zubereitung

Den Kürbis schälen, einmal der Länge nach halbieren und in Scheiben schneiden. Oliven, Petersilie und Zwiebeln klein schneiden. Zusammen mit dem Saft der Zitrone mit Olivenöl und Honig zu einer Marinade verrühren, mit Salz und Pfeffer nach Geschmack würzen. Die Kürbisscheiben darin einige Stunden ziehen lassen und etwas abtupfen, bevor du sie auf den Grill legst. Brate die Scheiben auf dem Grillrost scharf an, bis die typischen Grillstreifen zu sehen sind. Anschließend umdrehen und an den Rostrand legen, um sie bei reduzierter Hitze noch einmal zehn Minuten weiter zu garen. Serviert werden die Kürbisscheiben zusammen mit der Marinade.
Der Butternuss-Kürbis hat eine flaschenartige Form und ist einer von etwa 200 essbaren Kürbissorten. Bei Grillfreunden ist er zunehmend beliebt, weil er beim Grillen markante aromatische Röststoffe entwickelt und so ein ganz besonderes Geschmackserlebnis verspricht. Er eignet sich als Fleischbeilage sowie für vegetarische Grillfeste.

# Gegrillte Blutorange mit Mascarpone Creme

Schwierigkeitsgrad:
mittel
Benötigt wird außerdem:
Ein Grillrost für die Feuerschale, Alufolie und eine Pfanne mit Pfannenknecht sowie ein Mixer und ein Silikonpinsel.

## Zutaten für 4-6 Personen

- 3 Blutorangen
- 200 g Mascarpone
- 200 g Schlagsahne
- 2 EL Butter
- 2 EL Zucker
- 1 EL Zitronensaft

## Zubereitung

Für die Mascarpone Creme zunächst 1 EL Zucker, die Mascarpone und den Zitronensaft miteinander verrühren. Die Sahne mit einem Handmixer steif schlagen und unter die Creme-Mischung heben. Die Creme für wenigstens 15 Minuten kaltstellen. Für die gegrillten Früchte, werden in der Zwischenzeit die Blutorangen halbiert und 2 EL Butter in einer kleinen gusseisernen Pfanne über der Feuerschale verflüssigt. Dabei darf die Butter nur schmelzen (nicht verbrennen).
Lege den Grillrost mit Alufolie aus. So bleiben dir die Früchte au dem Grillrost erhalten und verbrennen dir nicht.Die Grapefruithälften mit der flüssigen Butter bestreichen (Silikonpinsel) und leicht mit dem übrigen Zucker bestreuen. Anschließend mit der Schnittseite nach unten auf den Grillrost legen und für circa 5 Minuten angrillen.Die Früchte sind fertig sobald sie heiß sind und der Zucker karamellisiert ist.
Sofort in Kombination mit einem Klecks der kühlen Mascarponecreme servieren. Leichter für deine Gäste - bei etwas mehr Aufwand für dich - ist es, wenn du die Blutorange filetierst statt sie zu halbieren.

# Gegrillte Bananenboote mit Gästen

Schwierigkeitsgrad:
leicht
Benötigt wird außerdem:
Eine Grilltost für die Feuerschale sowie Alufolie.

## Zutaten

- 6 große Bananen
- 1-2 EL Nutella
- 1 Pck. Erdnüsse

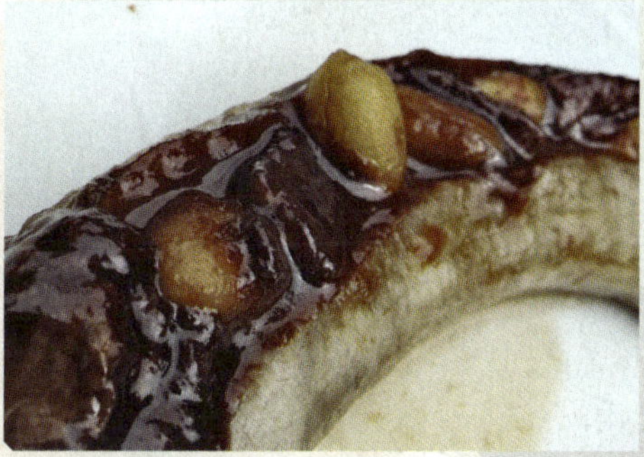

## Zubereitung

Die Bananen schälen und pro Bananenboot ein Stück Alufolie zurecht legen. Die Bananen sollen darauf mittig Platz finden.
Die Bananen der Länge nach einschneiden, aber darauf achten, dass die Bananen nicht komplett durchgeschnitten werden. Du kannst auch einen Keil herausschneiden. Das geht leichter von der Hand.
Die Boote anschließend zu gleichen Teilen mit Nutella und den Erdnüssen füllen. Die Alufolie nach oben klappen und zu kleinen Päckchen verschließen.
Die Päckchen können dann direkt auf dem Grillrost gelegt und je nach Hitze des Feuers für 15-20 Minuten gegrillt werden.
Sobald das Nutella angeschmolzen und die Bananen warm und etwas weich geworden sind, kann serviert und direkt mit dem Löffel aus dem Alu-Päckchen gegessen werden. Wer etwas experimentieren möchte, nimmt gesalzene Erdnüsse (auch mit Honig- oder Chili-Geschmack sehr lecker).

# Gyros vom Grill mit Tsatziki

Schwierigkeitsgrad:
mittel
Benötigt wird außerdem:
Grillspieße und Grillrost für die Feuerschale sowie ein Gefrierbeutel.

## Zutaten für 4 Personen

- 4 Schweineschnitzel
- 2 Knoblauchzehen
- 3 große Zwiebeln
- Zitronensaft
- Gyros-Gewürzmischung fertig gekauft oder selbst gemischt aus Majoran, Thymian, Paprikapulver, Kreuzkümmel gemahlen
- Olivenöl
- Salz und Pfeffer

## für das Tsatziki:

- 1 Zitrone (Saft)
- 1 Knoblauchzehe
- 1 EL flüssiger Honig
- 1 EL Olivenöl
- Salz

## Zubereitung

Schnitzel waschen, trocknen und in Streifen schneiden, je nach gewünschter Dicke und Größe. Knoblauch schälen und pressen, eine Zwiebel schälen und in Ringe schneiden. Mit den übrigen Zutaten (außer den beiden anderen Zwiebeln) in einem Gefrierbeutel gut vermengen und einige Stunden oder sogar über Nacht im Kühlschrank marinieren lassen.Die beiden verbliebenen Zwiebeln in spießfähige Stücke schneiden und salzen.Nachdem das Fleisch durch gezogen ist, die Streifen in Würfel schneiden und abwechselnd mit den Zwiebelstücken auf die Spieße stecken. Dann direkt auf dem Grillrost garen.
Für das Tsatziki zuerst die Gurke entweder raspeln oder in kleine Würfel schneiden. Salzen und zum Entwässern eine Weile stehenlassen. Knoblauch schälen, pressen und mit Frischkäse, Quark sowie Joghurt zu einer homogenen Masse verrühren. Von der Gurke das Wasser abgießen, zu der Masse geben und mit Pfeffer und etwas Salz abschmecken.
Zum Schluss das Olivenöl darunter rühren.

# Feta-Häppchen vom Grillrost

Schwierigkeitsgrad:
leicht
Benötigt wird außerdem:
Eine Grillschale und etwas Alu-Folie als Abdeckung für die Grillschale.

## Zutaten für 6 Personen

- 300 g Feta-Käse
- 8 Knoblauchzehen
- 6 EL Olivenöl
- 2 Tomaten
- 1 Stange Porree
- Pfeffer

## Zubereitung

Die Grillschale mit Olivenöl bestreichen. Knoblauch hacken und die Hälfte davon in der Grillschale gleichförmig verteilen. Den Käse in 6 gleichgroße Stücke aufteilen. Den Käse mit Olivenöl bestreichen. Nach Belieben würzen. Die Tomaten in Scheiben schneiden. Den Porree in Ringe schneiden. Tomatenscheiben, Zwiebelscheiben, Lauchringe (Porree) und die restlichen Knoblauchstücke auf dem Käse verteilen. Zum Schluss noch mit etwas Olivenöl verfeinern. Die Grillschale mit Alufolie schließen. Einen Tag im Kühlschrank ruhen lassen. Den Grillrost über der Feuerschale positionieren und darauf für 10 Minuten die Feta-Stücke in der Grillschale garen.

# Grüner Spargel trifft Erdbeere

Schwierigkeitsgrad:
leicht
Benötigt wird außerdem:
Eine Grillschale sowie ein Grillrost für die Feuerschale um die Grillschale darauf stellen zu können.

## Zutaten für 4 Personen

- 400 g grüner Spargel
- 200 g Erdbeeren
- Salz und Pfeffer

## Für die Marinade:

- 1 Zitrone (Saft)
- 1 Knoblauchzehe
- 1 EL flüssiger Honig
- 1 EL Olivenöl
- Salz

## Zubereitung

Die Zitrone halbieren und 2 EL Saft entnehmen. Die Knoblauchzehe schälen und fein hacken. Zitronensaft, Knoblauchgehacktes, Honig und Olivenöl gut miteinander vermengen. Eine Prise Salz dran geben und nochmals gut verrühren. Dann die Erdbeeren waschen und vierteln und diese mit der Marinade durch Umrühren gleichförmig benetzen. Abgedeckt für 2 Stunden im Kühlschrank ruhen lassen.
Den Spargel putzen und stückeln. Den Spargel zusammen mit den marinierten Erdbeeren in die Grillschale geben und dann für etwa 10 Minuten grillen. Dabei ab und zu umrühren. Unbedingt heiß servieren!
Du kannst die Marinade nach eigenem Geschmack auch noch mit Pfeffer verfeinern.

# Schokoladige Brownies vom Grill

Schwierigkeitsgrad:
mittel
Benötigt wird außerdem:
Ein Grillrost für die Feuerschale, eine feuerfeste Backform aus Aluminium oder Edelstahl, Backpapier und eine gusseiserne Pfanne nebst Pfannenknecht. Ein Handmixer oder ein Schneebeesen.

## Zutaten für 6 Personen

- 150 g Zartbitter Schokolade (gehackt)
- 150 g Butter
- 300 g brauner Zucker
- 75 g Kakao (ungesüßt)
- 150 g Mehl
- 1 TL Natron
- 4 Eier
- 1 Prise Salz
- 1 TL Vanillezucker

## Zubereitung

Für die Zubereitung des Brownie-Teiges werden zunächst das Mehl mit dem Kakao, dem Salz und dem Natron vermischt. In einer kleinen gusseisernen Pfanne wird über der Feuerschale parallel die Butter verflüssigt und der Zucker nach und nach dazugegeben und gut verrührt, damit nichts anbrennt. Dann darin die Schokolade schmelzen lassen und ebenfalls gut verrühren. Anschließend wird die Buttermischung zu den trockenen Zutaten gegeben – zudem kommen die mit Vanillezucker verquirlten Eier dazu. Alle Zutaten sehr gut vermischen. Empfehlenswert ist hier der Gebrauch eines Handmixers.Als letztes werden die gehackten Schokoladenstückchen untergehoben und der Brownie-Teig in die mit Backpapier ausgelegte Backform gegeben.
Die Form sollte mittig auf dem Grillrost der Feuerschale platziert werden, damit eine gleichmäßige Hitzeverteilung garantiert ist. Vermeide hohe Temperaturen. Bei mittlerer Hitze werden die Brownies in nur 30 Minuten gegrillt. Wer seine Brownies im Kern nicht zu feucht mag, lässt sie für weitere 10 Minuten über der Feuerschale. Der altbewährte Trick mit einem Zahnstocher hilft beim Überprüfen der Konsistenz.
Vor dem Servieren die Brownies für einige Minuten in der Backform abkühlen lassen, in kleinere Portionen schneiden,„mit Vanilleeis oder Erdbeeren genießen.

| | | |
|---|---|---|
| 16 Gusseisen | #101293236 | © Kybele - Fotolia.com |
| 17 Cortenstahl | #103706607 | © Doris Graef - Fotolia.com |
| 17 Edelstahl | #52522437 | © 3dmentat - Fotolia.com |
| 18 Terrakotta und Ton | #103569135 | © philipus - Fotolia.com |
| 19 Keramik | #114441011 | © dzika_mrowka - Fotolia.com |
| 28 Lederschürze | #110889634 | © igorsm8 - Fotolia.com |
| 37 Chili aus dem Feuerkessel | #113765003 | © Fischer Food Design - Fotolia.com |
| 63 Rinderbrühe | #42190950 | © Doris Heinrichs - Fotolia.com |
| 82 Herbst | #93041142 | © exclusive-design - Fotolia.com |
| 92 Osterfeuer | #45918361 | © sonnee101 - Fotolia.com |
| 97 Halloween | #92452786 | © Maya Kruchancova - Fotolia.com |
| 121 Makronen | #19111993 | © GAP artwork - Fotolia.com |
| 131 Fisch | #76505296 | © photocrew - Fotolia.com |
| 133 Maultaschen | #12653878 | © ExQuisine - Fotolia.com |
| 137 Gulasch | #77871076 | © st-fotograf - Fotolia.com |
| 143 Minestrone | #98915532 | © qanatstudio - Fotolia.com |